本书得到国家自然科学基金重点项目"我国信息资源产业发展政策及管理研究"（编号71133006）资助

中国信息资源产业政策体系优化研究

赵京 著

OPTIMIZATION RESEARCH ON
POLICY SYSTEMS IN CHINA'S
INFORMATION RESOURCE INDUSTRY

人民出版社

序

国际信息政策专家约翰·格雷曾经指出："一个拥有严肃的经济、社会和文化发展政策的国家，需要有互补的政策，以保证所需要信息的提供与使用。多数国家都承认这一原则，并赞成采取各种措施作为信息保障。这些措施归纳在一起，就相当于国家信息政策。"

2000年6月，俄罗斯总统普京主持召开俄罗斯国家安全会议，会上普京强调："我们正处在新旧世纪之交，信息服务产业正在成为世界经济最具有活力的领域。""毫不夸张地说，信息资源及其基础设施成了角逐世界领导地位的舞台。""信息资源将决定世界政治和经济的明天。我们的未来也取决于这方面的问题能否得到解决。更重要的是应当明确国家利益，研究可能出现的威胁，并找到避免这些威胁的办法。"

从政策问题出发，国家信息政策要解决的问题主要有以下六个方面：①社会—文化问题方面的政策：如信息获取问题、数字鸿沟问题；②法律问题方面的政策：如知识产权问题、信息公开问题；③信息使用中的问题：如个人隐私、保密、可靠性问题；④经济和商业问题：如信息资源产业发展问题、信息（产品或服务）收费或免费问题；⑤技术问题：如安全技术问题；⑥政治与政府问题：如信息作为国家发展的一种重要资源的问题，网络化和数字化对政府的挑战问题。

信息资源产业是信息产业的重要组成部分。信息资源产业政策是国家信息政策的一个组成部分，同时也是国家产业政策的组成部分。在制定和实施国家信息资源产业政策过程中，有三项工作是必须做好的：①明确国家和社会的信息需求；②找出满足这些需求的办法；③促进有效地利用所需的信息服务。首先，明确信息需求是制定政策的基础。它应当与国家发展目标，特别是短期和中期目标联系起来。其次，信息供应源总是有限的，即使在比较富裕的国家也是如此，所以要确定需求的重点。第三，要满足国家和社会的信息需求，就必须建立和维持一个复杂的信息服务网，并在服务节点和项目之间建立良好的工作联系。如果信息服务得不到有效利用，它就失去了意义。所以，国家信息政策中需要包含促进措施，包括信息产品及服务的销售利用、用户行为和需求研究、用户培训等。

近十几年来，我国政府越来越重视信息资源开发利用和信息资源产业的发展。针对我国经济发展方式转变和产业结构优化的迫切需求，赵京博士认为信息资源产业作为一种知识密集型产业，对不可再生资源依赖小，产业附加值高，大力发展信息资源产业，增加信息资源产业在GDP中所占的比重，符合我国经济转型的现实需要，而信息资源产业的发展对政策环境有着特殊的依赖性。于是，以此为选题，以信息资源管理理论和公共政策理论为基础，对国内外的相关研究进行了全面的调研、分析和比较，针对国内和世界上一些主要国家的信息资源产业发展政策进行了深入的评述，通过对问题根源与成因分析，提出了优化我国信息资源产业政策体系的思路、方法和对策。

本书的亮点之一是提出了"目标、主体、取向和工具"四位一体的优化思路和方法。在政策目标优化方面，提出了对我国信息资源产业政策目标进行优化的定位，确定了优化信息资源产业政策的总目标以及产业组织政策、结构政策、技术政策和空间政策等四个层面的优化子目标。在政策主体方面，针对政策主体分工不明确、信息不对称等问题，借鉴国外经验，提出了我国信息资源政策主体的互动机制，以推动政策制定的科学化、民主化、规范化，促进信息资源产业政策更有利于资源的优化配置与价值链上的合理分工。在政策取向方面，针对信息资源产业政策中的四个关键政策子系统，提出了优化四类政策的设计建议。

本书的另一大亮点是对产业政策工具及其信息资源产业中的应用方面的研究和论述。作者参考当代西方经济学家的政策分类标准，提出了基于政府参与管理信息资源产业程度的新分类标准，将不同的信息资源产业政策工具放在一条以完全自愿和完全强制为极端的轴上，形成强制性、自愿性和混合性政策工具三大类型。针对这三类政策工具的特征和问题，提出了将三种政策工具充分结合，形成多元的发展模式的组合应用优化建议。

本书的内容和研究成果具有明显的创新性，它丰富发展了我国信息资源管理和信息资源产业发展的相关理论，深化了现有的信息资源产业政策研究，对我国信息资源产业政策的优化发展将有重要的参考应用价值。

目　录

第一章　信息资源产业政策体系理论概述

随着我国经济持续发展，经济发展方式转变、产业结构优化和传统产业优化升级的需求越发迫切。现阶段我国经济的高速增长仍然是以大量消耗物质资源为代价实现的，要实现经济的可持续发展，就需要降低对资源的消耗强度。信息资源产业作为一种知识密集型产业，对不可再生资源依赖小、产业附加值高，大力发展信息资源产业，增加信息资源产业在国内生产总值中所占的比重，符合我国经济转型的迫切需求，而信息资源产业的发展对政策环境有着特殊的依赖性。本章主要介绍发展信息资源产业对实现我国经济社会发展转型的重要价值，阐述信息资源产业发展对政策的特殊依赖性，并结合国内外信息资源产业政策的理论发展现状，确定本书的理论框架和研究方法。

第一节　我国信息资源产业政策体系优化的意义

一、我国经济社会发展亟待调整资源结构

改革开放三十多年来，我国经济建设成就举世瞩目。但要继续保持经济高速可持续增长，完成党中央国务院提出的到 2049 年，即新中国成立 100 年时，建成富强民主文明和谐的社会主义现代化国家这个战略任务，我国还有很长的路要走，特别是主要依靠原材料资源和能源投入的粗放式经济发展方式难以为继。因此，全面实现党和政府的强国战

略，必须全力解决好经济发展方式转变、产业结构优化、传统产业升级等一系列的实际问题。

当前，我国产业结构中服务业比重长期偏低甚至低于国际平均水平，传统产业特别是传统制造业的技术含量偏低、生产方式比较滞后、资源消耗强度过大。不可再生、不可复用的物质形态的原材料等资源在经济增长中所占比重过高，而可再生的、可复用的信息资源的比重极低。我国高速的经济增长仍是以大量消耗物质资源为代价实现的。

2006 年我国国内生产总值增长速度为 10.7%，增速已连续四年保持在 10% 及以上。2006 年我国国内生产总值仅占世界的 5.5%，但在能源原材料投入方面的消耗更多。在能源消耗方面，煤消耗量为 24.6 亿吨，占世界消耗量的 15%；钢材消费量为 3.88 亿吨，占 30%；水泥消耗量为 12.4 亿吨，占 54%。与国际先进水平相比，中国大中型钢铁企业吨钢可比能耗高 15%，火电供电煤耗高 20%，水泥综合能耗高 23.6%。[1]

2012 年我国国内生产总值为 51.93 万亿元人民币，比 2011 年增长 7.8%。该增速低于 2011 年的 9.2%，但仍高于世界主要国家和地区。我国国内生产总值占世界的比重，从 2006 年的 5.5% 上升到 2012 年的 10% 左右。[2]

随着经济高速增长，我国能源消费总量持续高企。根据《BP 世界能源统计年鉴 2013》报告显示，2009 年我国能源消费总量首次超过美国，并连续多年位居世界第一，2012 年我国能源消费总量达 273110 万吨标准油当量。

2007 年，时任国家发改委主任马凯在中国发展高层论坛年会上指出，造成我国经济发展中能源和资源消耗高、产出效率比较低的原因主

---

[1]　马凯：《加快增长方式转变是中国十分紧迫的任务》，2007 年 3 月 18 日，见 http://news.xinhuanet.com/video/2007-03/18/content_5861991.htm。

[2]　中华人民共和国国家统计局：《中华人民共和国 2012 年国民经济和社会发展统计公报》，2013 年 2 月 22 日，见 http://news.xinhuanet.com/politics/2013-02/23/c_114772758.htm。

要有三个：阶段性原因、转移性原因和增长方式粗放的原因。特别是我国以"高投入、高消耗、高排放、难循环、低效率"为特征的粗放型经济增长方式还没有根本性改变。产业结构中非物质产业所占的比重低，对整个经济发展的贡献程度偏低。

2008 年我国已消费全球生态容量的约 15%，过去 40 年来消耗的生态资源增加了 2 倍，已达到承受能力的 2 倍。①

这种高投入、高消耗的发展方式造成了自然生态环境的高污染。生存环境受到了严重破坏，空气污染、水污染和食品污染的势头正不断扩大，许多地区出现"癌症村"现象。据统计资料显示，我国 2004 年工业污染带来的经济损失达到 640 亿美元，占当年国内生产总值总量的 3%，治理当年污染需 360 亿美元，需一次性投入 1350 亿美元才能有效控制污染，相当于当年国内生产总值的 7%。"十一五"期间，我国共投入 1750 亿美元经费治理环境污染。我国现有 20% 的人口生活在污染严重的地区，70% 的地表水已经遭受严重污染。如这种状况持续，到 2020 年水污染将会增加 4 倍。我国有 16 个城市列入世界前 20 个污染最严重的城市。2013 年 1 月，由国内外环境领域专家组成的工作小组及来自亚洲开发银行的专业团队发布了《迈向环境可持续的未来——中华人民共和国国家环境分析》报告，其中提到"中国最大的 500 个城市中，只有不到 1% 达到了世界卫生组织推荐的空气质量标准；世界上污染最严重的 10 个城市之中，有 7 个在中国"②。因为环境污染，恶性肿瘤已成为城乡居民主要死亡原因，据 30 个城市和 78 个村、县死亡原因统计，2006 年城市和农村居民首位死亡原因均为恶性肿瘤，与 2005 年相比，

---

① 中国环境与发展国际合作委员会：《中国生态足迹报告（上）》，《世界环境》2008 年第 6 期。

② 搜狐新闻：《报告称世界上污染最严重 10 个城市中有 7 个在中国》，2012 年 12 月 30 日，见 http://news.sohu.com/20130115/n363435702.shtml。

因恶性肿瘤死亡患者分别上升 18.6 个和 23.1 个百分点。[①]

　　从地域来看，江苏癌症患者占全国的 12%。[②] 如今，肺癌已为中国第一大致死疾病，每年新增患病多达 100 万。胰腺癌患者快速增加，将成为中国第一大癌症。

　　2012 年 12 月 18 日，由非政府组织绿色和平委托北京大学公共卫生学院完成的《危险的呼吸——PM2.5 的健康危害和经济损失评估研究》选取了北京、上海、广州、西安四个重点城市为研究案例，提出若四个城市 PM2.5 浓度不能降低，那么在 2012 年四个城市因 PM2.5 污染造成的早死人数将高达 8572 人，经济损失高达 68.2 亿元。《中国城市空气质量管理绩效评估》结果显示，我国空气质量好的城市个数只占 10.67%，差的城市占 75.80%，极差的城市占 13.52%。严重的污染需要投入大量的财力来进行治理，资料显示，我国将在"十二五"期间投入 1000 亿元治理大气污染，[③] 治理水污染的投入更高达 5000 亿元。[④] 环境污染也对健康造成了不可忽视的影响，《2010 年全球疾病负担评估》中指出，2010 年室外空气污染在中国导致 120 万人过早死亡以及超过 2500 万健康生命年的损失，目前室外空气污染在全球健康风险中名列前茅，在我国已位居第四。北京平时的细颗粒物水平，比美国环境保护署建议的正常水平高出 2—3 倍。在高速发展之后出现的这些问题，正是大自然对我们的惩罚，将影响和束缚着我国经济、社会和环境的协调

　　① 网易新闻：《2006 年中国城乡居民主要死因公布　恶性肿瘤居首》，2007 年 5 月 8 日，见 http://news.163.com/07/0508/17/3E03FEJU000120GU.html。

　　② 搜狐新闻：《江苏癌症发病占全国 12%》，2007 年 5 月 19 日，见 http://news.sohu.com/20070519/n250109432.shtml。

　　③ 北极星节能环保网：《三部门印发〈重点区域大气污染防治"十二五"规划〉全文》，2012 年 12 月 21 日，见 http://news.bjx.com.cn/html/20121211/407346.shtml。

　　④ 环境保护部、发展改革委、财政部、水利部：《关于印发〈重点流域水污染防治规划（2011—2015 年）〉的通知》，2012 年 9 月 16 日，见 http://www.zhb.gov.cn/gkml/hbb/bwj/201206/t20120601_2308.htm。

可持续发展。近年来，由高投入和高消耗所带来的经济高速增长已经放缓，我国经济发展中急切呼唤经济增长方式的转型和绿色国内生产总值的产生。

我国经济转型发展需要破解资源瓶颈和环境约束两个突出问题。[①]经济结构转型发展的核心问题是要有效破解资源环境对经济社会发展的制约。因此，要实现我国经济发展的结构调整，首先要对支撑经济发展的资源结构进行调整，然后逐渐提高经济增长与自然、人、社会的协调适应性。在我国经济发展转型的过程中，实现经济结构转型最重要的是要实现由生产密集型向智力密集型的转变，由倚重物质资源向倚重信息资源转变。

要尽快改变经济结构中的资源投入和消耗结构，就需要大量使用清洁的、可反复利用的绿色资源，建立可循环和节约型的经济结构。信息资源是一种可共享、可复用、无消耗、无污染的资源，进行产业结构调整需要加快现代服务业，特别是信息资源产业的发展。

二、我国资源结构调整需要强大的信息资源产业支撑

要改变经济增长发展方式，调整经济发展结构，就必须进行资源结构的调整。调整经济发展的资源结构是一项高度复杂的、巨大的系统工程，需要多方面的努力，而优先促进信息资源产业发展是一个重要的途径。大力发展信息资源产业的主要原因如下：一是该产业本身就是主要靠消耗信息资源实现发展的，物质资源消耗很低甚至可以忽略不计；二是该产业可以为整个国民经济供给信息资源。国际上许多发达国家和地区都在大力发展信息资源产业，并为国民经济发展提供了必要的动力支持和资源供给。

---

① 梁进社、王红瑞、王天龙：《中国经济社会发展的资源瓶颈与环境约束》，《经济研究参考》2011 年第 1 期。

现阶段我国生产资源结构调整的重心是提高信息资源在国家经济发展中的比重，扶植和发展信息资源产业，通过信息资源的开发利用提升经济发展的集约性，并带动产业结构调整。经济的转型发展及生产要素结构的变化要求更多依赖信息资源实现发展，要求建立强大的信息资源产业，并将信息资源产业作为国民经济的重要支柱产业。信息资源产业是指以信息资源为生产劳动对象，提供信息形态的产品或服务的国民经济部门，属于现代服务业范畴。信息资源产业对原材料、能源消耗非常低，不仅自身发展增值空间巨大，而且可以促进传统物质产业在资源消耗和科技含量等方面进行优化升级。信息资源产业不仅可以为这些传统产业提供可替代的原材料和能源的"新资源"，保证发展动力的充沛，而且可以为这些传统产业的调整转型提供引导，为产业生产方式和技术改造提供必要的信息支持。

与发展要求相悖的是，我国的信息资源产业发展现状却不乐观，主要存在发展速度缓慢、产业规模小、产业结构不合理、产业对整个国民经济发展的影响力不高等诸多问题。我国信息资源产业与发达国家相比，差距很大。发达国家的信息资源产业的产值占国民生产总值的比重超过3%，其中美国已经达6%，而我国比例还很低。我国目前只占据全球信息资源产业份额的2%，人均信息资源占有率与发达国家相差2—3个数量级。目前我国数据库总数只占全世界总量的1%，其产值只占世界总量的1‰。我国信息数据库建设落后于电子工业、软件产业、通信网络等信息基础产业，致使我国信息高速公路上形成"有路无车、有车无货"的局面。①

从全球第三产业的发展来看，2010年服务业增加值占国内生产总值比重的世界平均水平为70.1%，进一步根据收入来划分，高收入国家、中等收入国家、中低收入国家和低收入国家的占比分别为73.4%、

---

① 李剑阁：《现代信息服务业的发展战略》，《中国信息界》2007年第18期。

55.9%、55.8%和49.9%。① 我国服务业发展相对比较落后，服务业增加值占国内生产总值比重在40%左右，与世界平均水平尚有一定的差距。从国内来看，我国第三产业对国内生产总值的贡献率从2001年的最高点48.2%开始，一直处于稳中有降的趋势，2002年贡献率为45.7%，2003年贡献率为38.1%，2004年贡献率为39.9%，2005年贡献率为43.3%，2006年贡献率为45.2%，2007年贡献率为46.3%，2008年贡献率为45%，2009年贡献率为43.6%，2010年贡献率为39.3%，2011年贡献率为43.7%。②

随着云时代的到来，大数据相关产业成为一个新热点。大数据指的是所涉及的数据规模巨大到无法通过目前主流软件工具，能够在合理时间内获取、管理、处理并整理成为帮助企业经营决策的资讯信息。大数据的特点可以概括为4V：数据量大（Volume）、输入和处理速度快（Velocity）、数据多样性（Variety）、真实性（Veracity）。③ 通过对大数据的采集、仓储、分析和挖掘而产生的商业价值，成为行业人士追逐的利润焦点。大数据相关产业同样是以信息资源为原料，从事信息形态的产品或服务的生产、加工、传播、提供等活动，并以此创造经济价值的国民经济部门，符合信息资源产业的范畴。④ 在大数据的浪潮下，发达国家已经率先着重发展以大数据相关产业为核心的信息资源产业，我国应紧跟国际步伐，重视大数据相关产业并加强信息资源产业的发展。

信息服务业是信息资源开发利用，实现商品化、市场化、社会化和

---

① 中华人民共和国国家统计局：《2012国际统计年鉴》，中国统计出版社2012年版，第15页。

② 中华人民共和国国家统计局：《2012中国统计年鉴》，中国统计出版社2012年版，第20页。

③ 百度百科：《大数据》，2013年4月11日，见 http://baike.baidu.com/view/6954399.htm。

④ 冯惠玲：《信息资源产业内涵及其与相关产业的关系探究》，《情报资料工作》2011年第2期。

专业化的关键。主要分为三大类：信息传输服务业、信息技术服务业和信息资源产业（主要指信息内容产业）。国家统计局的数据显示，2012年，我国服务业占国内生产总值的比重达到44.6%，与工业45.3%的份额相近，然而，我国服务业占国内生产总值的比重距离60%左右的世界平均水平仍相差甚远。[①] 其中，信息服务业所占国内生产总值的比重仅有7.3%，[②] 这说明服务业的发展速度得到了提升，但是信息服务业发展相对规模仍然较小。

信息资源产业发展规模小又相对滞后的成因是复杂多样的，其中之一就是我国在信息资源产业发展所必需的公共政策供给方面存在突出问题，特别是产业政策存在结构性问题，阻碍了信息资源产业的健康快速发展。

三、我国信息资源产业发展需要完善的产业政策环境

信息资源产业发展对政府产业政策有特殊的依赖性，体系完善的产业政策对信息资源产业发展有着决定性作用。主要原因是信息资源产品本身的特性，导致信息资源市场存在较为严重的公共物品供给、信息不对称、外部性、垄断性等市场失灵现象，因此需要特殊的政府产业政策的支持，只有政府进行有效的扶持和监管，才能保证信息资源产品的生产、交换、消费有序进行。首先，信息资源产品在一定程度上具有公共物品的非竞争性和非排他性特征：一个人对信息资源产品的使用通常不会对其他人使用相同的产品造成影响，而且伴随科技的进步，信息资源产品的复制越来越容易、复制费用越来越低。由于信息资源产品的公共物品性，使"搭便车"成为市场参与者的占优选择，从而降低以营利

---

① 国家统计局：《国家统计局发布2012年国内生产总值初步核算情况》，2013年2月18日，见 http://www.gov.cn/gzdt/2013-01/19/content_2315891.htm。

② 大智慧财经信息：《2012年我国信息服务业占国内生产总值比重7.3%》，2013年2月28日，见 http://cj.gw.com.cn/news/news/2013/0122/326410760.shtml。

为目的的企业投资信息资源产品的积极性，因此需要政府政策的力量来矫正市场配置的失灵。其次，由于信息资源产品是"无形"商品，不能通过外观进行鉴别，只有在使用之后才能对其价值作出判断，而且其具体的表现形式又是多种多样的，所以在此类市场上，消费者几乎不能在购买和使用产品前了解其真实价值，信息不对称问题严重，为了保护消费者和诚信经营者的利益，需要政府对信息资源市场进行有效监管，促使其健康发展。再次，优秀的信息资源产品具有正的外部性，而劣质的信息资源产品又具有极大的负外部性。在第一种情况下，信息资源产品生产者的所得小于其真实价值，从而供给小于需求，而在第二种情况下，生产者的所得大于其真实价值，从而供给大于需求，由于供需的不平衡，使得市场的自发调节不能达到理想的效果，需要政府的介入。最后，信息资源产品是一种高沉没成本、低边际成本的商品，从而自动设置准入门槛，阻止潜在生产者的进入，加之各国对知识产权的不同程度的保护，使得信息资源市场上的垄断问题更为严重，该类市场的价格形成机制和竞争机制受到更大的破坏，影响了市场配置资源的效率，因此需要政府的力量来防止垄断的形成、减少垄断带来的危害。

美国、英国、日本等国的经验也表明，信息资源产业的发展，对政府和政策的依赖性很强。信息资源产业的发展对公共政策和政府管理具有特殊依赖性，特别表现在产业发展环境构建、资源合理配置、协调产业发展过程中各种复杂矛盾关系等方面。公共政策的优化和政府管理创新是信息资源产业得以快速健康发展的必要条件。正是由于这样的原因，美国、日本等国家都以强有力的公共政策，特别是成体系的公共政策作为产业发展的重要支撑条件。

进入新世纪以来，我国制定了发展信息资源产业的战略决策，发展和壮大信息资源产业已经成为我国在调整经济结构和转变经济发展方式中的战略选择。目前，我国出台了多项涉及信息资源产业发展的经济政策和信息政策，以及多项产业管理措施。我国自"十五"计划纲要开始就把"加速发展信息产业，大力推进信息化"作为目标，在"十一五"规划纲要中又明确提出"鼓励教育、文化、出版、广播影视等领域的数字内容产业发展，丰富中文数字内容资源，发展动漫产业"的思路，从国家战略的高度将培育信息资源产业作为经济结构调整和转变经济发展方式的重要内容。① 党的十六大也提出要"优先发展信息产业，在经济和社会领域广泛应用信息技术"。中共中央办公厅、国务院办公厅发布的《2006—2020 年国家信息化发展战略》中明确表明，"进入 21世纪，信息化对经济社会发展的影响更加深刻。广泛应用、高度渗透的信息技术正孕育着新的重大突破。信息资源日益成为重要生产要素、无形资产和社会财富。信息网络更加普及并日趋融合。信息化与经济全球化相互交织，推动着全球产业分工深化和经济结构调整，重塑着全球经济竞争格局"。② 2004 年 12 月 12 日，中共中央办公厅、国务院办公厅发布的《关于加强信息资源开发利用工作的若干意见》，则非常明确地指出要发展壮大信息资源产业，提出"完善法律法规和标准化体系，推动我国信息资源总量增加、质量提高、结构优化；打破行业垄断、行政壁垒和地方保护，营造公平的市场竞争环境，促进信息商品流通，鼓励信息消费，扩大有效需求；研究制定促进信息资源产业发展的政策和规划，促进信息咨询、市场调查等行业发展，繁荣和规范互联网信息服务业"等重要发展思路和举措。③

《2006—2020 年国家信息化发展战略》则更全面地规划了我国信息

---

① 中共中央办公厅、国务院办公厅：《国民经济和社会发展第十一个五年规划纲要（2006）》，2013 年 1 月 28 日，见 http://www.gov.cn/gongbao/content/2006/content_268766.htm。
② 中共中央办公厅、国务院办公厅：《2006—2020 年国家信息化发展战略 （2006）》，2013 年 1 月 28 日，见 http://www.chinanews.com/news/2006/2006-05-08/8/726880.shtml。
③ 中共中央办公厅、国务院办公厅：《关于加强信息资源开发利用工作的若干意见（2004）》，2013 年 1 月 28 日，见 http://www.tvet.org.cn/E - Government/h000/h01/1354956230d1988.html。

资源产业的发展路径，明确提出："优化政策法规环境，依托信息网络，改造和提升传统服务业；完善信息化发展战略研究和政策体系，逐步完善扶持信息产业发展的产业政策；制定并完善集成电路、软件、基础电子产品、信息安全产品、信息服务业等领域的产业政策。"① 2010 年 10 月，《中共中央关于制定国民经济和社会发展第十二个五年规划的建议》中明确提出，"培育发展战略性新兴产业，加快发展服务业，促进经济增长向依靠第一、第二、第三产业协同带动转变"②，并指出"加强重要信息系统建设，强化地理、人口、金融、税收、统计等基础信息资源开发利用"作为全面提高信息化水平的重要组成部分。这些政策和文件的发布，对培育信息资源产业市场起到了引导作用，在一定程度上推动了我国信息资源产业的发展。

四、我国信息资源产业政策体系必须全面优化

由于我国信息资源产业发展刚刚起步，完善的产业环境和良好的产业模式尚未确立，企业与消费者之间的供需矛盾也未得到充分协调。我国信息资源产业的发展存在许多问题，如信息资源产业的发展还没有形成规模，信息资源的产业结构还没有形成有序化调整等等。造成现状的原因是多方面的，但从政府公共管理角度来看，主要是引导信息资源产业发展的政策体系不健全，政策结构不够优化。在信息资源产业化发展过程中，相关政策是政府进行产业管理的重要方式。信息资源产业发展政策的体系完整性、内容科学性和实施有效性都影响着信息资源产业的健康有序发展。特别是在信息资源产业发展的初期，更加需要加大政府

---

① 中共中央办公厅、国务院办公厅：《2006—2020 年国家信息化发展战略》，2013 年 1 月 28 日，见 http://www.gov.cn/test/2009-09/24/content_1425447.htm。

② 中共中央办公厅、国务院办公厅：《中共中央关于制定国民经济和社会发展第十二个五年规划的建议》，2013 年 2 月 28 日，见 http://www.gov.cn/jrzg/2010-10/27/content_1731694_2.htm。

对信息资源产业发展的调控和引导，通过完善的政策体系来培育产业市场和塑造产业发展环境。我国虽然在相关政策引导方面已经取得了显著成绩，但从总体发展步伐上还是滞后于信息基础建设，滞后于全社会信息需求的日益增长，滞后于我国社会经济的快速发展，滞后于全球信息资源开发利用的大趋势。

如何进一步推动信息资源产业的快速健康发展，是我国经济社会发展中的重要课题。信息资源产业政策的优化关系到信息资源产业发展机制的规范、公平与合理性，将严重影响我国信息资源产业的发展速度和质量。因此，本书从政府管理角度，以信息资源产业公共政策为研究切入点，探讨政策体系的现状、问题和优化对策，以期对我国信息资源产业发展带来积极影响。

第二节　国内外信息资源产业政策理论的发展

一、主要概念辨析

"信息资源产业"最早来源于"信息内容产业"的概念。信息资源产业与信息技术产业同属于信息产业的大内涵。首次出现在 1995 年"西方七国信息部长会议"上，当时称为"内容产业"。经过十多年发展，信息资源产业的发展问题已经引起了世界各国和众多学者的关注，关于信息资源产业的称谓和内涵的国内外仍存在多种认识，对其产业边界以及相关管理政策的理解也并未统一。

因为各个国家的国情不同，对信息资源产业的理解必定会存在差异，所以还需要立足我国国情对信息资源产业加以认识。2004 年 12月，中共中央办公厅、国务院办公厅在《关于加强信息资源开发利用工作的若干意见》（中办发［2004］34 号）中正式将国内相关的称谓统一规范为"信息资源产业"。同时，为了使作者与读者在讨论"信息资源产业政策体系优化"相关问题时，有一个共同理解的概念基础，笔者将如下概念进行了界定。

（一）信息资源产业

在国内相关研究中，最具代表性的观点是冯惠玲（2011）教授所提出的，即信息资源产业是以信息资源为原料，从事信息形态的产品或服务的生产、加工、传播、提供等活动，并以此创造经济价值的国民经济部门。[①] 笔者将以此观点为认识起点展开相关研究。

对于我国而言，信息资源产业虽然是一个新兴产业，但其对我国经济社会的发展具有重要的战略意义和价值。信息资源产业既包括传统的新闻出版、广播电视等部门，也包括新兴的信息咨询、数据信息存贮加工、数字电视、网络内容、手机短信、游戏动漫等部门。

（二）产业政策

产业政策是政府行政机构为实现一定的经济和社会发展目标，而对产业形成和发展进行引导、干预和调控的各种政策的集合。产业政策的功能主要是弥补市场缺陷，有效配置资源。产业政策是引导、保障和促进战略性新兴产业健康发展的重要手段。[②] 产业政策对加快培育发展战略性新兴产业，推进产业结构调整，加快转变经济发展方式都具有十分重要的意义。产业政策从功能角度来看可以分为结构政策、组织政策、技术政策和空间配置政策。

（三）信息资源产业政策

信息资源产业政策是指政策主体为实现促进和保障信息资源产业科学发展的目的而制定的产业政策。其要点是：

第一，信息资源产业政策是产业政策的一种，它具备产业政策的所

---

① 冯惠玲：《信息资源产业内涵及其与相关产业的关系探究》，《情报资料工作》2011年第2期。
② 刘澄、顾强、董瑞青：《产业政策在战略性新兴产业发展中的作用》，《经济社会体制比较》2011年第1期。

有基本属性。

第二，信息资源产业政策的对象是作为现代国家重要国民经济部门而存在的信息资源产业。

第三，信息资源产业政策的制定与实施目的，是为了顺应经济社会发展的需求，以及特定的事物发展规律，促进和保障信息资源产业实现符合客观规律的全面、协调、可持续发展。

（四）信息资源产业政策体系

信息资源产业政策体系，是指某个国家或地区所制定、发布和实施的与信息资源产业相关的政策集合。其要点是：

第一，信息资源产业政策体系是一系列有密切关联的产业政策的集合体。

第二，构成信息资源产业政策体系的产业政策是特定时间范围内被正式实施执行的政策。

第三，构成信息资源产业政策体系的产业政策通常是由一个国家或者特定地区内所有政策主体共同制定和发布实施的。

在厘清以上概念的基础上，笔者将分主题介绍国内外信息资源产业政策理论的发展。

二、国外相关研究

（一）关于信息资源产业关键领域的研究

信息资源产业要从消费者的需求和期望出发，灵活改变服务内容，提供适应需求变化的产品服务。信息资源产业根植于数字化、网络化的市场环境。摩尔（Moore，2002）认为信息资源产业运行机制与其他产业不同，网络化、全球化是影响信息资源产业的两大因素，也是两个重要的研究领域。米奇（Mickey，2001）指出，信息资源产业发展的关键领域分别是技术、法律和定价。在技术方面，IT 基础设施的建设、内容管理、电子商务和数字版权管理是研究重点；法律方面要着重考虑版权问题；定价方面则要权衡信息资源创造者和用户之间的利益。马纳菲（Manafy，2004）认为由于信息资源产业发展的核心是应用多媒体技术制作文化产品，信息资源产业的发展需要国家进行公共政策的支持。他同时指出建立一个行之有效的信息资源产业的法律保障体制非常困难。皮特森（Peterson，2008）则强调了信息资源产业成功的关键在于服务内容和产品的吸引力，新形式和新内容具有其独特的价值，而技术、创意、艺术等人才是信息资源产业发展的能量所在。

（二）关于信息资源产业政策功能的研究

由于不同地区和国家的政治制度和体制不同，信息资源产业政策存在较大差异。信息资源产业政策定位为调节政府、市场、企业和公民之间的利益关系，而每个政治环境中都需要建立适应自身的政策发展体系。伍修斯（Woolthuis，2005）认为信息资源产业发展重在创新，创新体系参与者之间的互动，其研究成果可以为化解创新低迷提供解决途径。信息资源产业政策应该用于弥补市场失灵、政府失灵、创新失灵等关键问题，并提供化解"体系化失灵"的体制和机制等相关对策。此外，信息产品属于经验品，存在特殊的需求及不确定性，其产业政策需要强化质量信号的相关机制，培育和提供安全、健康的消费环境。

根据制定信息资源产业政策的引导主体不同，可以将其分为两种：一种是商业主体驱动的政策，尤其是大型公司在利益驱动下主导的产业政策制定，这种"权力区位"是"对现代社会的污蔑和对未来生活的威胁"（Richard，2000）；另一种是产业专家影响下的地区决策，政策内容主要涉及产权保护、物权法律、环境等各个方面。产业专家往往有深厚的专业知识和理论素养，政策取向中立，但其政策意见上存在一些问题。不过，在政策制定的方式和路径上，普林斯（Prince，2010）认为产业政策的制定不是为了追求同质化的发展和新殖民主义的统治，而是多方参与和博弈的结果。他指出必须由决策者、活动家、议会和政府官员、文化企业家、研究人员和学者的共同努力才能够促进创意产业的迅速有序发展。

（三）关于信息资源产业政策制定目标的研究

信息资源产业政策制定要根据具体情况具体分析，大多数学者认为其首要目标是提高政府的管理效率，其次才是实现产业发展绩效。奥德利（Audley，1994）指出加大文化产业政策的主要目标包括：阐明文化产业政策的具体目标和公共政策框架体系，以及对市场、市民生活的影响和作用；确认现有的或可选择的政策工具的具体范围，对其作用和实施目标进行针对性分析。王（Wong，2005）指出公共政策制定目标是关注新的创意内容产业及相关知识密集型服务业的细微差别，增强政策的敏感性。葛米策（Gollmitzer，2008）指出发展信息资源产业还要面临劳动力政策的问题。信息资源产业也面临着人员流动性大、劳动力社会保障不足等一系列问题，因此相关政策制定和目标实施需要采取相应措施来弱化高风险所带来的劳动力市场震荡冲击。

（四）关于信息资源产业政策体系的研究

信息资源产业政策具有多层次、多功能和多效用的体系特征，是一个复杂的体系结构。本克勒（Benkler，2006）认为，信息资源产业政策的制定过程是一项极为复杂的系统工程，其复杂性在于该产业所具有的结构特征，即信息资源产业是一个三层混合结构——物理基础设施层、软件层和内容层。每一层都具有特定的运作原理、运行系统和创新途径，因而需要采用不同的政策管理策略。

奥德利指出加拿大政府的信息资源产业政策框架的具体内涵包括：梳理假设背后的基础概念、成功或失败的公共政策及工具的选择经验，明确区分经济利益和社会利益等不同的政策导向；允许社会存在多样性和差异性，鼓励产业相关研究，建立更加持续和健康有力的文化产业工程；开展替代性政策工具的相关研究，持续关注信息资源产业科技的发展结构；强化本土文化的符号体系和标志体系的识别和使用；注重对其他国家和地区信息资源产业发展政策的关注、跟踪和研究。普林斯认为在制定和优化信息资源产业政策体系框架的过程中，需要重点考虑五个挑战因素：一是媒体集群所面临的具有战略性意义的外部因素；二是明确界定信息资源产业的创新发展性质及其竞争力的本质；三是影响媒体跨地区发展的关键要素；四是信息资源产业市场中的中小公司、劳动力等政策测量要素纬度；五是认定具有重要影响力的政策对产业发展和结构形态所带来的潜在和实质影响。

三、国内相关研究

当前，我国制定了信息资源产业的战略发展规划，而发展信息资源产业已经成为我国转变经济发展方式的战略选择。国内学者基于我国信息资源产业政策发展现状展开了研究，认为信息资源产业政策是信息资源产业发展的重要推动力量，并提出了诸多有益建议。

（一）关于我国信息资源产业现状的研究

现有文献主要从信息资源产业发展体系、产业结构调整的角度开展研究。朱幼平（1996）从电子化、发展模式、信息资源开发的定位、信息资源产品和服务的质量、信息机构、体制和机制、资源共享、管理与政策、国际信息资源的开发利用、信息意识等十个方面分析了我国信息资源产业的十大问题。赵国俊（2009a）回顾了我国信息资源开发利用战略思想的形成与发展历史，并指出了这些思想中的独创性和中国化特征。侯卫真（2010）指出我国信息资源产业存在产业分类尴尬、产业布局不合理、对信息资源产业认识含混不清的问题，并认为产业政策应当形成分级分层的管理体系，对信息资源产业结构中的"第一、第二和第三产业"实施不同的、有针对性的管理政策。

（二）关于我国信息资源产业政策的研究

针对信息资源产业政策的相关研究主要集中在以下几方面：一是梳理现状和存在的问题；二是研究政策功能和定位；三是研究宏观层次法规制定。赖茂生等（1997）针对我国信息资源管理领域的相关政策与法律展开了研究。韩芸（2006）认为应加大对信息资源产业的扶持力度、从推进政府部门信息机构改革、加强政策和信息引导、引导民营信息内容企业加快发展、制定信息公开法、规范市场竞争等六个方面来促进信息资源产业中中小企业的成长。马费成等（2007）指出我国信息资源政策与法律的研究成果分散、政策制定相关实践与理论研究存在步调不一、缺乏协调等问题。宣小红（2008a）列举了我国当前信息资源管理体制和机制中存在的主要问题，进一步提出了设立综合性信息资源管理部门、加强监管和扶持等管理工作并颁布《信息资源法》等基础法律等重要建议。

（三）关于信息资源产业发展政策的对比研究

不少学者从国家间、地区间和内容结构角度对信息资源产业政策进行了研究。赖茂生等（2008）从人才战略及政策、技术研发战略及政策、市场战略及政策等三个方面对海峡两岸信息资源产业的相关政策进行了比较研究。朱雪宁（2009，2010）介绍了韩国信息资源产业政策的发展特征并指明了对我国信息资源产业政策制定所带来的启示和借鉴。随后，她又从政策环境、目标及内容等三个方面对中韩两国信息资源产业的政策进行了比较分析。

四、信息资源产业政策的优化方向

发达国家和地区针对信息资源产业的价值形态、发展模式和管理政策等内容已经积累了大量的理论与实践成果，就我国而言，系统的产业政策及管理研究仍然缺位，主要体现在缺乏"信息资源产业理论框架体系"。现有研究主要局限在一般性的产业、管理或政策理论，尚无针对信息资源产业政策及管理进行系统的研究。具体表现在：

第一，现有文献研究对我国信息资源产业政策体系的研究还不够深入。需要在借鉴先进国家经验的基础上，系统梳理现有政策规章的体系，整合不同国家或地区差异，总结产业发展的成功经验。这样不仅可以对我国信息资源产业政策发展提出更为清晰的认知，而且有利于我国信息资源产业政策实现与时俱进。另外，针对信息资源产业相关法律的制定依据、实现路径、实施方法和措施等的研究也是当前所欠缺的。

第二，现有研究对信息资源产业政策体系的优化目标和实现路径缺少深入探索。我国当前信息资源产业的地区性差异、产业间缺乏协调、数字鸿沟、产业发展和公共利益紧张等诸多问题，要求政策设计方面做到综合考量、统筹兼顾，不仅需要注重国家战略、产业结构和未来发展等宏观层面的研究，又需要注重产业发展、产业结构调整、地区差异等中观层面的研究；不仅需要关注国家利益、社会效益和经济效益等宏观层面的平衡关系，又需要提升信息资源产业在整个国民经济中的引擎地位和引导作用。然而，当前研究成果对上述方面的关注和剖析是明显不足的。

信息资源产业发展的特殊规律决定了政府公共政策优化与管理创新的重要价值。当前我国政府在相关产业政策构建与管理方面存在的根本性问题，暴露了我国政府在信息资源产业发展中的不足，同时也反映出针对信息资源产业政策体系进行优化设计的必要性。因此，有必要进一步加强相关理论研究，针对信息资源产业的问题及国家战略进行探索，从政策制定的指导思想、制定目标、制定主体、政策取向和政策工具等方面展开分析和评估，对直接影响经济社会发展的信息资源产业发展政策及政策体系进行优化设计。

第二章　我国信息资源产业政策体系与优化原理

政策体系是指不同政策单元之间和同一政策内部的不同要素之间的关联性及其与社会环境相互作用而形成的系统，政策体系具有整体性、相关性、层次性和有序开放性的特点。一般政策体系的纵向结构可以划分成总政策、基本政策和具体政策三层。本章首先从系统论的角度分析我国信息资源产业政策体系的基本特征；其次，从政策内容的角度阐述产业政策体系的构成和基本功能；再次，分析我国信息资源产业政策体系的形成和演变过程，从产业政策体系的实际成效和主要不足两方面对我国现行信息资源产业政策体系作出客观评价，为产业政策体系的优化提出基本的观点；最后，提出我国信息资源产业体系优化的目标、基本原则、技术路线和基本方式。

第一节　我国信息资源产业政策体系的基本特征

根据系统论的原理来分析信息资源产业政策体系，可以得出如下基本特征。

一、整体性

任何系统都是有机整体，其构成的基础是各个要素相互连接、相互作用。对于系统而言，整体性是其最重要的本质特征。具体表现为：系统对外来作用能作为一个统一的整体作出反应，而不管它作用于哪一部分；同时，以整体视角来考察一个系统，其所具有的功能和性质是其任何组成要素都不单独具有的。各个要素在组成整体的过程中经历了结构优化和相互作用，形成新的功能，也就是常被提及的"整体功能大于部分功能之和"。

信息资源产业政策体系要解决的是信息资源产业发展过程中各个问题，其问题具有复杂性和多样性，但这些问题都是信息资源产业在出现以及发展过程中逐步显现的，不是互相孤立的，而是借由信息资源产业这一共有的核心特征，产生关联，互相影响，成为一个整体。相对应的，为解决这些问题所制定的政策体系，虽然各个政策所针对的都是具体的、不同的问题，但问题之间的关联性决定了政策之间的关联性，这就是政策体系具有整体性特征的原因。整体性，不仅仅是政策体系的内生特征，也是政策在制定与实施过程中的重要要求之一，这一点在信息资源产业政策体系中体现得尤为明显，只有政策体系形成一个整体，政策效果形成合力，才能为信息资源产业的发展形成一个包容创新、健康竞争、资源有效配置的政策环境，保证信息资源产业的不断发展壮大。

需要强调的是，政策体系的整体性不仅表现在政策的内容互为补充，形式互相配套，更体现在政策体系中各个政策的实施过程也是积极配合的整体。内容、形式所体现的整体性等可以称之为信息资源产业政策体系的静态整体性，而实施过程的整体性可以称之为政策体系的动态整体性，二者共同构成了信息资源产业政策体系的整体性。对于信息资源产业这一新兴产业而言，政策体系的动态整体性更需要我们给予关注。作为一个全新甚至具有"颠覆性"特点的新兴产业，信息资源产业政策体系涉及大量的全新的政策制定思维以及升级的政策工具，需要深入调研和切实有效的政策制定过程的协调与配合，这对于政策制定部门而言，已经是一项相当沉重的负担；而当进入政策的具体执行层面，各个相关部门需要建立信息资源产业相关机构，调动相应的政治资源，采取解释、宣传、实验、协调与控制等各种手段，将信息资源产业政策体系中观念化的内容转化为信息资源产业的实际效果。这一过程中所涉及的部门数量将更为庞大，所涉及的机构类型将更为复杂，此时，对于信息资源产业政策本质的理解就显得十分重要，一旦政策体系中各个部门对于政策的各个环节理解出现偏差（这种情况对于信息资源产业此类新兴产业极有可能发生，缺乏参照和先例是出现这种情况的重要原因），就会使整个政策执行过程变成各自独立的过程，难以形成合力，而信息资源产业政策体系在制定过程中所形成的整体性，将由于执行过程缺乏整体性而不复存在。为避免发生动态整体性缺失的情况，需要对政策体系本质进行深入理解，并确保信息资源产业政策相关部门的积极沟通。信息资源产业在传统的产业分类体系中没有严格的对应归口，其散落分布在服务业、文化创意产业等多个行业部门，这就对信息资源产业保持动态整体性提出了更高的要求，现阶段的研究成果和对于一般新兴产业的发展规律研究表明，建立统一的主管部门，确定在政策执行过程中负责协调的机构，营造适合产业发展的政策环境，是一个行之有效的办法。

二、有序性

对系统内部结构进行单独考察时，会发现其具有鲜明的组织化特征，并且这种组织化是具有等级式的，换言之，任何一个系统的组成方式，都是其组成的要素遵循一定的秩序、方式或比例组合而成的。系统中的各个要素各有其特定的位置、顺序和规则。如整个社会就是一个大系统，随着我国经济的不均衡发展和社会内部结构的变化，影响社会发展的不稳定因素也在增加，构建和谐社会的发展策略也就应势而出。

　　信息资源产业政策体系，是一个由复杂的、多项政策组成的政策集合体，各项政策都是针对一定的问题、为实现一定的目标而制定的。由于所针对的各个问题、所要实现的各个目标不是平行的、同质的，而是具有十分严格的顺序关系和结构位置，所以，如果按照合理顺序依次解决信息资源产业所遇到的各个问题，实现为产业发展所设定的各个目标，就能够达到推动信息资源产业发展的目的；反之，如果在对信息资源产业进行调控的过程中，没有遵循一定的顺序，问题解决的先后次序颠倒，目标的前置后置关系错乱，那就极有可能使信息资源产业政策出现事倍功半的问题，甚至产生副作用影响产业的正常秩序。由此，信息资源产业体系本身必须是一个具有严格顺序的系统，无论是政策的级别、功能还是政策制定实施的先后，都需要在经过严格的推演之后在一个稳定有序的计划下布置，形成一个结构相对稳定、各个部分功能明确的政策体系，这样才能发挥信息资源产业政策体系应有的作用。

　　根据调研结果来看，信息资源产业的发展在实际业务的操作层面有着非常复杂多样的政策需求，但这些政策需求并不是同级、同质、同序的，无论是其迫切程度，还是其所被需要的先后关系，都有规律可循。如在数字出版产业中，就面临着多个问题：产业发展壮大需要政策给予倾斜、财政予以优惠，产业健康发展需要政策有效遏制盗版市场、保护版权收益，产业有效竞争需要政策放开政府优质信息资源、鼓励深度加工等。[①] 仅这三项政策需求中，根据不同的实际情况，就有不同的政策顺序组合。有序性这一点，对于政策体系构建，是必须予以充分关注的内容；而有序性这一特征，也是信息资源产业链涉及面广、内容宏观丰富特征的重要投射。

　　信息资源产业政策体系的有序性有着十分丰富的内容，其具体的体

---

　　① 黄先蓉、刘蔺：《传统出版业数字化转型的改策需求与制度、模式创新》，《中国编辑》2011 年第 1 期。

现形式、操作方法都根据信息资源产业不同的发展时期有所不同，但从总体上来看是有一定规律可循的。信息资源产业中最核心的资源毫无疑问是信息资源，而信息资源与其他资源不同，不具有独占性，因此产业化地开发利用信息资源的重要前提条件就是解决信息的独占性收益问题，也可以暂时简单地具体化为知识产权问题。相对应的，解决知识产权问题的政策在信息资源产业政策体系中应处于一个先行的基础性地位，其目的是解决信息资源产业发展掣肘的关键问题。在解决知识产权问题的基础上，才能进行产业培育和资源的有效配置与深度开发。更为具体的信息资源产业政策体系的有序性问题，需要在了解信息资源开发规律、掌握信息资源产业基本特征的基础上，对其进行深入的讨论和研究。

三、内部结构的优化趋向

从系统的整体发展方向来看，系统的形成伴随了两个过程的演化，即从无序向有序、从低级向高级。系统发展的重要前提条件就是结构有序。一旦结构失序或是不合理，系统的发展很可能因此受阻。

内部结构的优化趋同，是信息资源产业政策在发展过程中，遵循了一般系统的从无序到有序、从低级到高级的发展过程的总结，体现了信息资源产业政策体系动态性和长期性的特点。在信息资源产业政策出现初期，各个信息资源产业政策会处于一个整体上孤立而缺乏联系的状态，各个政策的制定和实施缺乏应有的顺序，整个体系呈现相对低级混乱、不完整的初级形态。信息资源产业所属的各个行业跨度相对较大，虽然与信息服务业、文化创意产业的交集较大，但整体上是散乱分布的，[①] 因此最初缺乏行业整体的自觉性，没有形成一个有序的整体。但随着产业的不断发展，政策效果被反复检验，这些产业之间的共同点会

---

① 赖茂生、闫慧、龙健：《论信息资源产业及其范畴》，《情报科学》2008 年第 4 期。

逐渐出现，各个产业政策之间可以借鉴的内容最终将被发现，此时信息资源产业政策体系内部的规律性和关联性将越发清晰，整个政策体系将向着有序稳定的结构方向发展。

第二节　我国信息资源产业政策体系的构成

根据信息资源产业的特点，本章将按照四大类政策对其构成进行分析，即信息资源产业的结构政策、信息资源产业的组织政策、信息资源产业的技术政策、信息资源产业的空间配置政策。

一、信息资源产业的结构政策

信息资源产业的结构政策分为产业间和产业内两部分。产业间的产业结构政策目标是指将信息资源产业确定为国民经济重点发展的战略性产业，对信息资源产业进行整体上的政策倾斜，并为其配置相应的资源，采取有效的措施实现资源的定向重点分配，为信息资源产业的发展提供更加优越的外部环境。而产业内的信息资源产业政策，其目标是针对信息资源产业下的细分产业，根据各个细分产业在信息资源产业发展的各个阶段所发挥的作用，有指向性地调整产业内的细分产业构成，在不同阶段为不同细分产业配置不同的资源，确定不同的发展模式。推动力强的长效产业则促进其稳定发展，处于稳定乃至衰退阶段的产业则有效地缩减或退出。① 根据信息资源产业的发展情况和产业经济的发展规律，结合对未来发展趋势的预判，保证信息资源产业的整体结构合理、富有发展活力。

---

① 周新生：《产业衰退及退出产业援助机制》，《产业经济研究》2003 年第 5 期。

二、信息资源产业的组织政策

对于信息资源产业的组织政策所指向的维护市场秩序这一目标，首先需要强调的是，信息资源产业并不是自然垄断产业，应鼓励通过充分竞争使其健康发展，优化资源配置，避免因垄断所造成的资源浪费。但现阶段由于信息资源大量掌握在政府部门手中，而对其进行开发利用又受到诸多阻碍，其中包括各类信息资源本身的利用困难，信息资源所有部门主观上的行政屏蔽，以及利用政策上无据可依，导致了对于信息资源的获取并不遵循一般的"弹性信息资源"的基本规律，即供给无法有效满足需求，形成了信息资源产业的"事实垄断"。例如地理信息资源，其开发利用就面临着各部门标准差别、政府资源难以获取的困难。[①] 这是信息资源产业的组织政策亟须解决的问题，也就是信息资源产业的组织政策当前的主要目标：即如何利用政策解放政府手中的大量信息资源，从而使信息资源产业内的各个企业能够在获取信息资源条件基本一致的情况下展开充分竞争。现阶段我国信息资源产业的规模尚未成型，总体上来看竞争不算激烈，因此产业组织政策的主要目标定位为促进竞争。但可以预计的是，随着我国信息资源产业的不断发展，当达到一定的产业规模之后将面临着过度竞争的风险。届时，产业组织政策的目标就需要适时地向抑制竞争、保证市场正常秩序上调整，从这个角度看来，产业的组织政策非常有可能在总体上形成一个从促进竞争向抑制竞争的过渡过程，并最终达到一个平衡点。

三、信息资源产业的技术政策

信息资源产业是技术依赖性相对较强的产业之一，信息资源的采集、开发、利用无不需要信息技术作为支撑，信息技术的升级换代，对

---

① 姚承宽：《地理信息资源管理的若干问题探讨》，《现代测绘》2004 年第 4 期。

于信息资源产业的推动作用尤为明显。仅以数字出版产业为例，从最开始仅仅对纸质书籍进行扫描到现在的"电纸墨"（E-ink）技术，以亚马逊为代表的一批数字出版产业先行者，依托先进的信息技术，对传统纸媒领域发起了前所未有的挑战，并已经占领相当比例的市场份额。[①]对于我国的信息资源产业，利用政策手段引导技术进步尤为重要，一方面，我国信息资源产业在国际竞争中尚处于劣势，众多处于信息资源产业核心地位的技术已被发达国家所垄断，如不尽早采取有效措施，弥补技术上的劣势，将在产业中处于低利润的下游加工地位；另一方面，信息资源所依赖的信息技术与传统产业的技术相区别，对于已有的技术积淀的要求相对较低，有利于我国在相关领域实现弯道超越，在一部分技术上实现国际领先，保证产业的核心竞争力。此外，值得注意的是，引导技术进步这一目标并不仅仅看重技术的开发和引进，人才的培养和引进也是技术进步目标中的一部分，建立相关人才的培养机制，打通人才引进通道，为技术的进步提供有力的人才保障，对于信息资源产业的长远发展意义重大。

四、信息资源产业的空间配置政策

产业的空间布局是区域经济研究中的一个重要问题。对信息资源产业进行合理的空间配置，主要依靠信息资源产业的空间配置政策。无论是区域内的信息资源产业的结构如何规划，还是区域之间的信息资源产业如何进行合理的配置，都是在制定产业政策时应该考虑的问题。在信息资源产业发展的前期，空间配置问题暂时没有凸显，但从长远来看，这一问题势必成为政策调节过程所需要解决的核心问题之一。由于信息资源产业污染小、传统资源消耗低、上马限制少，且"劳动—技术双密

---

① 刘迎建：《攻克传统媒介帝国最后一座堡垒——数字化将成为出版业的发展方向》，《现代出版》2011年第1期。

集"的特点对于区域就业问题的帮助极为明显，在过去的五年里，各地建设了一批以发展信息资源产业为主基调的园区，并利用地方行政权力给予政策和财政上的扶持，其中以文化创意产业园最为典型。① 这一过程虽然在事实上为我国的信息资源产业发展带来了不错的契机，但从长远来看，其中潜藏着不小的隐患。这一批园区的建设过程中，并未对空间布局进行充分的考虑，对于区域内的相关产业是否饱和、产业结构是否合理、区域间是否会形成过度竞争，形成有效的关联产业呼应在时机成熟时是否有条件进行产业链整合，都没有进行宏观的整体的考虑，极易面临空间布局不合理限制产业进一步发展的情况。

第三节　我国信息资源产业政策体系的基本功能

一、信息资源产业政策体系的引导功能

信息资源产业政策体系对于信息资源产业的首要功能就是引导功能，其本质是利用政策创造优势的产业发展环境，尤其是投资环境，使社会资源在分配的过程中有目的地向信息资源产业进行倾斜。引导功能的发挥主要靠财政政策和税收政策，放宽融资渠道，增加财政补贴，减免相应税收，在使用得当的情况下，这些政策都能发挥出较好的引导作用。

信息资源产业的前期投入较高，一般而言信息资源产品具有开发成本高、复制成本低的特点，其典型例子是软件的开发，一款软件的整个开发过程可能会持续几年，耗费大量的人力物力，而开发成功之后，每拷贝一次软件进行一次销售所产生的成本接近于零。美国微软公司Windows 7 的开发周期超过了 24 个月，并有消息称投入超过百亿元人民

---

① 杨吉华：《我国文化产业园发展现状、存在问题及对策》，《北京市经济管理干部学院学报》2006 年第 21 期。

币。信息资源产业的产品特点直接导致信息资源企业在盈利周期上的特点，即在产品开发前期有一个周期相对较长、成本消耗比例超过整个过程90%以上的无利润阶段，需要依赖可靠的资金保障来渡过这一阶段。当信息资源产业处于萌芽阶段或刚起步时，由于缺乏资金积累和规模优势，是相当艰难的，尤其需要产业政策的引导。只有利用政策的引导功能，合理利用财税政策，帮助信息资源产业注入优质的、稳定的、充足的资金，帮助其有效融资，才能使信息资源产业得到发展。

二、信息资源产业政策体系的推动功能

信息资源产业政策体系的推动功能，是针对在信息资源产业发展过程中所涉及的具体目标，利用政策工具的组合，对产业发展过程中实现阶段性目标进行推动。从整体上来看，政策的推动功能在信息资源产业发展的整个过程中都有体现，是一个相对长期持久的作用过程，政策的推动功能在具体的各个环节也发挥了具体的作用。

信息资源产业现阶段是一个相对弱势的产业，其产业规模较小，产业整体上虽然维持了比较良好的发展势头，但依然处于一个相对无序的阶段，现阶段产业发展的主要动力来自于市场对于信息资源产品的消费增长，但这种产业发展推动力有着较为明显的不稳定因素，来自发达国家的相应产业，极有可能对国内的对应产品形成消费替代作用，导致信息资源产业的推动力不足；同时，一些具有较好发展潜力的信息资源产业，在无法获得关键性的技术突破或者受到市场的普遍认可之前，都无法获得来自消费增长提供的推动作用。在以上情况出现时，信息资源产业政策体系就需要发挥其推动作用，保证信息资源产业的发展。

三、信息资源产业政策体系的保障功能

信息资源产业政策体系的保障功能，是针对信息资源产业发展过程

中所产生的各项需求，尤其是各类资源和环境上的需求，通过政府直接或间接的资源配置等手段，保障基本的产业发展需求。对于信息资源产业而言，由于其出现的时间较短，在各个地区的产业布局中属于"新生事物"，围绕保障其产业发展进行的考虑较少，在发展壮大的过程中，所需要的相关资源都需要政策体系给予保障。

其中较为明显的例子是对信息资源产业所要求的网络基础设施的保障。大部分信息资源产业，对于自然环境的需求并不明显，这是由于信息资源产业主要消耗的并非传统的能源和物质材料，而是信息资源，其产品也是基于物质载体的信息资源产品。这意味着无论是信息资源产业的原材料和能源获得，还是产品分销，对于自然环境的要求并不高；然而，其对于信息资源传输所依赖的常规渠道"网络"则有较高的要求。最为明显的是电子游戏产业，无论是网络游戏所需要的在线服务器运行，还是单机游戏所需要的在线更新及产品发送，都需要有高速稳定的因特网接入作为保障。[①] 在这种情况下，发展信息资源产业，首先要利用整个政策体系，对其所需要的基础设施进行建设，发挥政策体系的保障功能。

四、信息资源产业政策体系的提升功能

对于信息资源产业而言，政策体系的提升功能主要体现在两个方面：一是通过政策调节作用，使整个产业结构更为科学合理，也就是对产业结构的提升；二是通过政策的激励作用，鼓励信息资源产业中关键技术的开发与升级，也就是对产业竞争力的提升。这两个方面是同等重要并相互补充的，对于信息资源产业政策体系而言，需要同时考虑这两种提升作用。

现阶段信息资源产业的发展过程中，这样的提升作用最为明显的体

---

① 卓武扬：《网络游戏产业研究》，《江西财经大学学报》2004 年第 1 期。

现是对新技术的开发支持、对已有技术的升级改造以及对技术成果孵化环境的构建。政策上对新技术开发的补贴与鼓励，对于信息资源产业这类对技术依赖性强的产业十分重要。但需要说明的是，随着信息资源产业的不断发展，产业结构的不断复杂，对信息资源产业的结构提升将逐渐成为政策制定过程中关注的重点。

第四节　我国信息资源产业政策体系的形成与演变

一、信息资源产业政策的出现

信息资源产业严格来说是一个绝对的新兴产业，但与其具体产业相关的政策最早则可以追溯到 20 世纪 60 年代。准确地讲，这一时期的产业活动并不能被算作信息资源产业活动，然而当时已有的众多政策，却在事实上涉及信息资源产业的周边，其中较为典型的两项内容是图书资料和科技情报。其代表为 1962 年由文化部颁布的《关于图书馆、档案馆、博物馆可以根据业务需求采购图书期刊的通知》，此后被学者认为是我国最早的信息资源产业政策，在当时其对于信息资源产业确实起到了推动作用。这一政策的颁布，也成为信息资源产业政策出现的标志。①

二、信息资源产业政策体系的形成与发展阶段

（一）萌芽阶段：20 世纪 50 年代—80 年代

这一时期的信息资源产业政策相对零散地分布在各个相关领域，信息资源产业的概念尚未出现，这一阶段的信息资源产业政策并不能称之为政策体系，而只是国家为调节与信息资源相关的各项活动所颁布的专

---

① 张璋：《我国信息资源产业政策：现状、分析与前瞻》，《图书情报工作》2012 年12 月。

指性政策，因此这一阶段可以称之为萌芽阶段；在这一阶段，政策的主要调节内容是图书情报相关工作，其中较为明显的作用是促进了科技信息的开发与利用。

（二）初步形成阶段：20 世纪 90 年代—2004 年

这一时期信息资源产业政策初步形成，虽然"信息资源产业"、"信息资源产业政策"还未被正式命名，但实际上一部分产业政策已经在客观上指向以信息为原材料、以信息为产品的企业群。其间有两项里程碑事件可视作信息资源产业政策初步形成的标志。

第一个事件是 1996 年国家设立国务院信息化工作领导小组，为信息资源产业政策体系的形成做好了组织机构准备。该小组由国务院副总理担任组长，其主要职责是配合国家信息化战略的推进实施，其后众多的信息资源产业政策都出自该机构，形成了一定的体系效应。

第二个事件是 2001 年我国《"十五"信息化专项规划》正式出台，为信息资源产业政策的形成做好了指导思想准备。这一规划中的重要意义在于"利用市场机制发展信息产业"这一重要提法第一次正式出现，为信息资源的开发利用活动走向产业化释放了重要的信号，而其后的众多相关政策也是基于这一思想制定的。

（三）正式形成及成长阶段：2004 年至今

信息资源产业政策体系的正式形成标志是 2004 年的中办 34 号文件。2004 年中共中央办公厅、国务院办公厅发布了《关于加强信息资源开发利用工作的若干意见》，第一次明确地提出"发展壮大信息资源产业"，"促进信息资源产业健康快速发展"。自此，信息资源产业这一概念获得官方认可，而信息资源产业政策体系正式形成并步入成长阶段。

这一阶段，国家相继颁布一系列重要的信息资源产业政策，其中最为具有标志性的是 2006 年的《2006—2020 年国家信息化发展战略》，这一战略首次将信息资源相关产业提到了战略的高度，使得信息资源产业的相关政策制定有了更高层次、更系统的战略眼光，也为 2004 年的《关于加强信息资源开发利用工作的若干意见》提供了产业发展的"抓手"，使信息资源产业政策体系整体面貌日渐清晰。

第五节　对现阶段我国信息资源产业政策体系的基本评价

一、我国信息资源产业政策体系的实际成效

我国的信息资源产业政策体系至今为止，已经收到一定的实际效果，主要体现在以下两个方面。

一方面，对起步阶段的信息资源产业的保护作用。信息资源产业在从无到有的过程中，以及之后一段时间内的起步时期，都是相对缺乏竞争力并难以应对市场的突发变化的，在这一阶段，任何一次市场的波动或是相关产业的震颤，都有可能对信息资源产业造成毁灭性的打击。在这一阶段，信息资源产业政策体系的各种保护性发挥了关键性的作用，避免信息资源产业因市场波动等因素出现崩盘。仅以数字出版产业为例，2006 年至 2011 年间我国的数字出版年产业产值从 213 亿元跃增至 1377 亿元，5 年内增长为原来的 5 倍以上。①

另一方面，推动了信息资源产业发展所必需的相关核心技术的开发。信息资源产业是一类高度依赖信息技术的产业，一旦掌握一项具有产品开发潜力和消费认可的关键技术，就能够通过对市场的迅速占领实现产业扩张，而核心技术更新换代速度快，使得尚不成熟的我国信息资

---

① 郝振省：《2010—2011 年中国数字出版年度报告（摘要）》，《出版参考》2011 年第 21 期。此年报中所提及的数字出版概念不仅仅局限于数字图书，包括电子游戏、动漫产业等，但整体上与信息资源产业重合度高，有很强的参考意义。

源产业在发展过程中时刻面临着技术落后导致产品缺乏竞争力的风险。在这种情况下，具有自主知识产权，能够持续进行开发性升级的核心技术显得弥足珍贵，在这些技术的开发过程中，信息资源产业政策体系给予了极大的关注和推动。

二、我国信息资源产业政策体系的主要不足

我国信息资源产业政策体系虽然取得了一定的成果，但由于整个政策体系出现的时间较晚，加之对于信息资源产业这一新兴产业的认识不足，对信息资源产业政策体系的认识还不够科学系统。因此在政策制定的过程中，与传统、高度成型的其他相关产业政策相比，信息资源产业政策体系的完整性、稳定性等方面还显示出了一定的不足。

（一）信息资源产业政策完整性不足

虽然我国信息资源产业政策体系已经有了基本的雏形，并发挥了一定的作用，但政策缺位所带来的政策体系完整性不足问题依然存在，大量针对已有具体问题的相应政策依然处于缺失状态，导致相应的政策效应迟迟无法到位。其中比较典型的是对信息资源产业消费的引导政策缺失，导致信息资源产业的理性规模消费趋势至今仍未形成。[①] 2011 年互联网期刊的收入为 9.34 亿元，而互联网广告收入达到 512.9 亿元，超过 50 倍的收入差距背后是我国的消费者依然不习惯为"无形产品"付费，这与消费引导政策的缺失直接相关。

（二）对信息资源产业扶持力度不足

我国信息资源产业除信息资源产业本身具有的产品周期开发长、前期投入巨大等特点外，由于其处于后发地位，因此需要为其提供更加强而有力的政策扶持，才能有可能实现"弯道超越"。但我国现在对信息

---

① 李婧、李凌汉：《中国数字内容产业发展中存在的问题及政府调控》，《经济研究导刊》2009 年第 4 期。

资源产业的重视尚未达到应有的程度，相应的政策体系对信息资源产业的扶持力度不足。比较典型的是数据库产业，我国数据库产业发展水平较之美国差距约 20 年，较之欧洲差距约 10 年，其重要原因之一就是政策的导向性扶持力度严重不足，美国和日本都为自身国家的数据库产业发展阶段制定了相当详尽的扶持政策。①

（三）信息资源产业政策稳定性不足

我国信息资源产业一直以来缺乏统一的归口，无论从统计口径上还是主管部门上，都没有找到一个稳定的归属，相应地，在政策的指导思想以及政策内容上都缺乏稳定性。由于政策缺乏稳定性，导致相当多的政策的持久效力大大下降，甚至出现一些政策在发挥作用之前已被改变，导致"零效果"的现象。多年以来，信息资源产业政策由于信息资源产业本身的归口难以统一，一直处于"多足鼎立"的尴尬境地。在网络游戏行业尤为明显，游戏出版环节由新闻出版总署管理、网络文化经营部分由文化部管理、电子竞技部分由国家体育总局管理、网络游戏的开发技术部分由信息产业部管理，由于各个主管单位都会形成一定影响的产业政策，在权力博弈与话语权僵持的过程中，不同部门出台的针对同一问题的产业政策出现偏差，前后矛盾的情况难以避免，使得整体产业政策体系的稳定性大大下降。

（四）信息资源产业政策针对性不足

信息资源产业在发展过程中，遇到的问题是多样而具体的。要解决这些问题，所需要的政策也是专指度极高的。现有的信息资源产业政策体系中，相对泛泛的政策难以有针对性地解决困扰产业发展的关键问题，如数字出版产业所面临的版权保护难题，产业内一直未出现高度针对的政策来解决这一问题。而数字出版产业本身在产业链的运行机制

---

① 温芽清：《我国数据库产业的发展政策与制度保护》，《河北经贸大学学报》2009 年第 4 期。

上，与传统出版产业一致，是围绕着版权机制形成的利益分配关系。换言之，在具有针对性、有效地解决版权问题的产业政策出现之前，整个产业链的发展只能是一片混沌。

（五）信息资源产业政策协调性不足

信息资源产业政策所涉及的内容相当丰富，其对应着信息资源产业发展的方方面面，只有信息资源产业政策体系中各个政策是协调统一的，信息资源产业的各个方面才能获得协调统一的发展。现阶段我国信息资源产业政策因归口不统一和整体规划的缺失，依然存在着协调性不足的问题，难以形成有效的政策配合。仍以数字出版产业为例，我国为推动数字出版产业的发展出台了一系列的金融政策，其中较为典型的包括 2010 年中宣部、中国人民银行等出台发布的《关于金融支持文化产业振兴和发展繁荣的指导意见》等，但由于整体政策缺乏协调性，一直无法形成融资方式的联动效应，导致整体上融资方式单一，同时中小企业也面临融资困难的窘况。[1]

（六）信息资源产业政策操作性不足

我国信息资源产业政策体系中，有相当多的政策都是纲领性文件，或者是发展计划。虽然这些政策从整体上明确了相应的信息资源产业的发展方向和路径，但在具体操作层面，这些政策是无法通过具体的操作达到政策效果的。其原因在于这些相对宏观的政策在微观层面是缺乏可操作性的，显得过于粗线条。虽然在《关于加强信息资源开发利用工作的若干意见》（中办发 ［2004］ 34 号），也就是信息资源管理学界经常提及的 34 号文件中，"发展壮大信息资源产业"首次被明确提及，但具体通过何种手段、将信息资源产业向着何种方向、壮大到何种程度，都没有进行后续的规定，其主要原因在于 34 号文件是一个统领性文件，

---

[1]　钱明辉、林法纲、焦家良：《中国信息资源产业的融资结构分析——以数字出版行业为例》，《云南社会科学》2012 年第 6 期。

且主要落脚点在信息资源的开发利用，在缺乏对 34 号文件进行配套的实施性政策的情况下，其所提出的一些要求是无法具体操作的。

第六节　信息资源产业政策体系优化的原理与方法

一、信息资源产业政策体系优化的目标

信息资源产业政策体系优化，实际上就是实现系统科学所称的事物整体功能的最佳、最优。首先要求我们在认识信息资源产业发展和理解信息资源产业政策的过程中，始终保持一个把握整体的思考方式，将信息资源产业的发展与国家开发利用信息资源的整体布局相结合。无论是把握产业发展规律，还是认识产业政策需要，都要有整体视角，始终能清醒地理解政策体系中各个要素的联系，在这样的联系中看待各个要素，统筹考虑、优化组合，以便建立起一个整体的、精准的产业发展和产业政策认识；同时，在产业政策发展的实践过程中，特别是在处理和解决产业政策问题时，有必要着眼于产业发展、产业政策整体功能状态的优化，做到从整体出发，统筹全局，寻求最优目标。在工作实践中，要注重产业政策体系内部结构的优化趋向，实现整体功能大于部分功能之和的优化目标。

具体而言，信息资源产业政策的优化目标主要包括两个方面：

一是政策体系内所有政策自身的优化：每个政策构成因素的合理、科学，包括政策目标、政策内容的正确，以及政策制定主体、政策制定过程、政策工具使用、政策实施过程、政策评估改进机制的完备有效。无论是纵向视角下区分的信息资源产业的融资政策、保障政策等等，还是横向视角下按照各个细分行业区分的数字出版产业政策、数据库产业政策、网络游戏产业政策等等，首先都要对自身不断地进行优化，不断地科学化、合理化，保障其对信息资源产业的各个环节、各个细分行业

的政策作用是清晰的、有效的。

二是政策体系内所有政策相互之间的最佳配合关系：各个政策之间能够互相配合、形成合力，整个信息资源政策体系不是散落独立的政策个体，而是一个协调有机的整体，互为保障、互为支撑地发挥作用。信息资源产业无论是纵向还是横向，都要形成融洽的配合关系。例如在融资政策推动产业发展的同时，要用市场政策保持产业良性竞争与发展健康，使整个信息资源产业政策能够与我国开发利用信息资源、不断发展壮大信息资源产业的整体布局相匹配。

政策体系的优化目标及其优化过程的具体分析，是本书的研究重点，将在之后几章进行具体论述。

二、信息资源产业政策体系优化的基本规则

优化信息资源产业政策体系应当遵从反映特定客观规律性的基本规则。

（一）整体性原则

从整体需要和共同目标出发认识问题、处理问题，避免局部优化；保持对目标需要的动态适应性。具体要求包括：取舍、先后、优劣、轻重、缓急的判定都要服从和服务于整体目标，对于信息资源产业的发展顺序、具体扶持的力度，都要与国家对信息资源产业结构调整、带动绿色国内生产总值的整体定位相吻合；保持统一的一体化关系，要兼顾国家开发利用信息资源整体规划的大局，不各自为政，避免各个行政主体在发展信息资源产业时仅从自身利益出发；注意短板，防止短板效应影响全局，维系整个信息资源产业链的完整与效率；与时俱进、持续优化、避免僵化，保证我国信息资源产业的整体发展始终处于不断优化的良性循环上，与发达国家的数字内容产业保持接轨。

（二）协调性原则

注意各项信息资源产业政策体系中具体政策之间的相互影响，不断

调整变化着的关系，努力实现和谐、有序发展，政策间要衔接配套，相互创造有利条件，取得最佳配合。

具体要求包括：避免相互矛盾、相互抵触、交叉重复、管理真空，对于现有的认识分歧和"管理多口"的细分产业（如网络游戏产业），及时明确主管部门，基于整体信息资源产业的发展规划确定其主体发展基调，明确各个部门管理的职责与范围，保持内容审查、产业促进、技术革新等主管部门的意见一致、避免脱节、保持政策的连续性，基于整个信息资源价值链分析各个环节所需要的政策内容，统一规划、统一口径，保持整个信息资源产业政策能够连续一体，彻底消除政策内战和政策断点。

（三）完备性原则

在具备现实可能的条件下，信息资源产业政策体系应尽可能完善、齐备，有主次顺序地兼顾信息资源产业的各个方面。

具体要求包括：政策体系全面，没有大的遗漏和空白，能够兼顾到信息资源产业发展的各个方面，包括新技术的开发和孵化、产业的升级和改造、投融资和财税扶持、内容审查和消费引导等等，即对于在信息资源产业发展过程中所产生的各种政策需求都有较好的回应；而在具体操作过程中，保证政策类型、形式齐整，主干、配套、作业部分清晰，能够切实地对信息资源产业起到推动和促进作用。

（四）适时性原则

适时性原则是指各项政策的制发时机整体上成熟。信息资源产业政策时机成熟的标志主要有四项：一是对要解决的问题认识清楚（现象、原因、后果），其要求对于信息资源开发利用的基本规律，对信息资源产业的发展现状及前景都有非常深刻的把握；二是问题（广泛存在、地位特殊、其他解决方法不如政策）确实应当通过政策解决，准确区分哪些问题是需要政策解决，哪些是随着信息资源产业的发展以及市场竞争能由产业自行解决，哪些是随着信息技术的发展会逐渐消失；三是确实找到了解决问题的办法并需要政策化，即有明确的政策手段；四是有实施的基础，不会引发新的矛盾和问题。

三、信息资源产业政策体系优化的技术路线

信息资源产业政策体系优化的技术路线，实际上就是实现信息资源产业政策体系优化的特定逻辑，主要有三种基本的优化方法。

（一）零起点法

从根本上重新考虑政策体系建设，零起点设计新政策体系。从目标开始，逐步推导，设计能够达到要求的完整政策系统。特点是在"一张白纸"上进行设计，从一块"白板"上重建政策体系。零起点法的优点在于，抛开现有政策体系的隐含假定，从根本上重新思考政策体系，为大幅度提高政策效果提供了可能的机会。而其缺点在于重新实施的过程会相当困难、风险性大，与现有政策差别大，执行者不容易适应，甚至可能会拒绝使用。方法难以把握，可操作性不强。

（二）系统化再设计法

充分分析理解现有政策，通过系统地改进和完善，形成建立在现有政策基础上的新政策体系。不主张从一张白纸上开始设计，而要充分考虑和利用现有条件。这种方法适用于短期绩效改进，特别是改造的初期，会有显著的改进。这种方法的优点是实现逐步的改进，不断地积累变革成果，风险比较低，对社会事物的正常发展的干扰小。缺点是仍旧以现有政策为基础，与零起点法相比，不容易实现大的突破。

（三）关键因素突破法

从信息资源产业政策体系的构成要素入手，基于对根本性要素的思考分析，定位关键因素；再对关键因素进行综合性的分析，寻找整体的突破点，进而重新组合关键要素，构建新的政策体系。关键因素指政策

体系的诸构成要素中，对体系的运作所起的作用是决定性的要素，常以"瓶颈政策"来形容它。而政策体系关键因素的识别，主要是看变动某要素是否对体系的运作产生重要的影响，也就是说，能否使流程更好地满足各方面的要求，能否大幅度提高政策的效果。

对于信息资源产业的优化方法技术路线的选择，应结合信息资源产业的发展现状以及产业政策需求进行分析。现阶段我国的信息资源产业发展整体思路基本是延续 34 号文件的精神，并且已经证明是科学合理的，因此不适于零起点法，但与此同时对于众多政策的需求又十分迫切，政策体系改造要求较高，信息资源产业发展的时效性也极强，一旦错过最优的发展时机，极有可能造成不可逆转的后果，通过不断积累逐步实现的系统化再设计法显得不够及时有效。因此对于信息资源产业政策体系的优化方法，技术路线上应主要偏向于关键因素突破法，确定信息资源产业发展的关键因素，找到信息资源产业发展的突破点，在明确所要解决的关键问题基础上，重新组合构成信息资源产业政策体系的要素。这一思路有两个优点：一是不打乱我国原有的信息资源产业整体布局；二是着力于解决困扰我国信息资源产业的关键问题，能够对整个政策体系的运转效果形成突破作用。

四、信息资源产业政策体系优化的基本方式

对于信息资源产业政策体系的优化，应在对既有政策体系全面分析的基础上，明确政策体系优化的目标，在构成信息资源产业政策体系的各个政策中进行完整的梳理，最终确定哪些政策应被取消，哪些政策应被增加，哪些政策应被压缩，哪些政策应被合并，哪些政策需要进行分割，哪些政策需要进行均衡及调整侧重点。

具体而言，信息资源产业的政策体系优化的基本方式应根据优化目标有所区别：由于信息资源产业政策体系优化的目标包含各个政策自身

和整个体系两方面，因此当优化目标主要是实现政策体系成果的优化，即提高政策质量、提高社会相关方面的满意度时，就需要以压缩、简化、增加、均衡相结合的方式对信息资源产业政策体系进行优化。其中，压缩是指压缩一部分不必要的政策或者政策内容，压缩政策受益对象的时间机会和各种专业消耗，使整个信息资源产业政策体系更加精练且具有针对性，对于信息产业的调整引导作用更加清晰，信息资源产业的主体在受益于信息资源产业政策的过程所需要付出的成本更低；简化包括简化约束条件方面的限制和简化政策的实施方法两方面，信息资源产业整体处于一个幼稚期，在发展初期应尽量简化政策实施过程中的约束条件，减轻行业主体的负担，让符合条件的信息资源行业主体都能纳入政策扶持的范围以内，并用相对简单有效的方法执行政策，使信息资源产业在面临高度激烈的国际竞争时能够享受一个相对简单、优越的政策环境；增加包括增加对政策受益对象起保护作用的内容、增加对政策执行隐患的防范措施、增加"多重保险"措施、增加质量控制点等，信息资源产业政策体系的增加优化，其本质是提升信息资源产业政策的力度，使信息资源产业政策能够在多个方面更好地保障信息资源产业的发展；均衡包括均衡责任和义务分担，现阶段各个涉及信息资源产业的主体都对于经济利益及其他方面利益抱有明显的期望。而信息资源产业本身在我国经济结构调整、产业结构升级中所发挥的作用也必将十分巨大，如何在产业发展壮大过程中以及发展壮大后，保障利益公平分配，明确相应的责任和义务，这就要求整个政策体系确立政策质量保障机制，在给政策受益对象带来更多便利的同时，保障整个产业发展过程中为社会带来公平与和谐。

第三章　我国信息资源产业政策目标的优化

　　一般来说，产业政策目标是指政策制定者期望通过制定和实施产业政策最终达到的目的和结果。正确的产业政策依赖于正确的目标选择。本章主要对我国信息资源产业政策目标的优化进行阐述。首先，介绍产业政策目标的概念及其重要作用；其次，结合我国国情分析现阶段我国信息资源产业政策目标，提出目标设定存在的主要问题；再次，根据实际分析政策目标选择的约束条件；最后，结合我国现阶段信息资源产业政策目标中的问题，提出我国信息资源产业政策总目标，并将政策目标细分为组织政策目标、结构政策目标、技术政策目标和空间配置政策目标四个方面，分别提出了政策目标优化的要求。

第一节　产业政策目标及其决定性影响

一、产业政策目标

　　本书中所指的产业政策目标，本质上是指政策制定者最终期望达到的目的和结果，而达到目标的手段正是制定和实施产业政策。在实际的政策执行过程中，政策目标体现为一种产业的状态甚至是更为细致的一系列有针对性的指标，因此也有研究认为产业政策目标是为实现产业发展由政策的制定者设定的一组经济变量指针，而设定的依据是产业的发展现状。制定正确的产业政策目标，是对行业进行宏观调控的重要手段。

一个科学有效的产业政策目标具有五个基本特征：

一是实事求是。产业目标的制定首先要考虑的就是符合实际，一切指标的制定应基于对现实状况的调研，充分考虑在制定政策过程中必须顾及的因素，而适当地舍弃不应顾及的因素，符合社会的公共秩序，尊重公众的价值取向。具体而言就是应充分考虑信息资源产业的发展现状，例如整体规模、技术水平、国内信息资源市场的消费能力和消费习惯、参与国际竞争的能力以及信息资源产业所涉及的文化产品是否是健康向上且能被社会主流所接受等。

二是面向未来。产业目标的设计，不应主要着眼于眼前的利益，而应主要考虑产业的长远发展和国家的战略，政策目标的适用性应符合产业未来所处的整体政治、经济环境。信息资源产业对于信息技术的依赖程度极高，其整体产业升级速度与信息技术的更新换代速度息息相关。著名的摩尔定律揭示了信息技术 18 个月换代一次的基本规律，意味着信息资源产业的升级周期也会比传统产业更短。这对产业目标设计的长远性提出了更高的要求。

三是公平均衡。产业政策目标，将涉及多方的综合利益，会形成非常复杂的社会效应，因此在产业政策目标应当确保社会公平、兼顾各方责任权利、保护弱小、创造和谐、推动和保障产业的科学发展。信息资源产业的外部性相当突出，对经济的带动促进作用强，从各地建设的文化创意园、数字出版基地等与信息资源产业相关实体所带来的经济效益就可见一斑，2011 年国内 9 家数字出版基地创造产值 400 多亿元。经济利益的背后是复杂的产业利益分配关系，如何调节地方和产业实体间等多方关系、保证整体产业公平有序发展，是产业目标要考虑的重点之一。

四是系统协调。产业政策目标并不是若干个孤立的个体，而是一个具有有机联系的整体，各个目标只有保持整体一致性，充分配合，才能保证整体的协调稳定，确保政策目标的科学性。信息资源产业政策体系只有形成一个系统、保持有机统一的关系，才能真正发挥政策体系的作用，使整个信息资源产业的发展形成一个健康良性的循环，并使信息资源产业中各个细分行业等互相配合、互相促进。例如，我国目前主流网络游戏中就有超过20部是基于网络文学作品改编的。如果数字出版产业政策和网络游戏产业政策保持协调配合，这一数字将继续扩大，最终使整个信息资源产业受益。

五是明确具体。产业政策目标应严格避免口号化，泛泛的、缺乏操作性的产业政策目标难以对产业形成有效的引导作用，只有制定可操作、可衡量、可检测、时效性强的产业政策目标，才能真正发挥出产业政策的效果。对于信息资源产业的发展，粗线条的规划性的政策远远不够，其在技术孵化、投融资促进、版权保护等方面遇到了诸多具体问题。关于版权保护问题，每年因盗版对信息资源产品厂商造成的损失超过千亿元，解决这些问题，都需要有针对性、能拿出具体办法的政策，仅凭口号与规划作用甚微。

二、产业政策目标的基本类型

从系统论的角度分析，产业政策的目标是一个由多元目标组成的目标系统。对于这一系统中各个目标的分类，可以根据不同的标准，形成不同的类别划分。比如，根据产业内部具体行业归属的不同，可以分为不同行业的政策目标，即报业、图书出版业、网络游戏产业、动漫产业、地理信息产业、数据业的政策目标；基于政策时效进行区分，分为长期、中期和短期目标；根据政策功能作用领域的不同，可以分为产业政策总体目标和具体目标；根据政策管辖层次的不同，又可以分为国家产业政策目标和地方产业政策目标。

　　笔者所讨论的是信息资源产业的具体发展需求，根据这一问题的需要，将采用对本书研究更具实际价值的划分方式，即将政策制定和实施产业政策的具体目的不同作为产业政策目标区分的具体依据，将产业政策目标划分为四个基本类型：促进型政策目标；保障型政策目标；限制型政策目标；抑制型政策目标等。

　　（一）促进型政策目标

　　促进型政策目标是指针对信息资源产业规模相对较小、起步相对较晚、整个产业成熟度低的特点，所制定的促进信息资源产业发展的政策目标。其具体的目标可以分解为支持行业内中小型企业发展、扶持产业高新技术孵化、保护新兴企业的起步过程等等。① 总体上来说，促进型的产业政策目标，是为了使处于幼稚期的信息资源产业能够获得快速的发展，扩张产业规模，积攒自身实力而采用的产业培育手段的具体体现。

　　（二）保障型政策目标

　　保障型政策目标是指针对信息资源产业出现时间较短，相关配套法律法规尚不完备，整个市场环境尚不成熟，对于产业的基本规律、基本原则的理解也无法形成统一的情况下，所制定的保障信息资源产业健康发展的产业政策目标。其具体体现为营造健康的整体环境、加强市场监管、推动完善相关法律法规等。保障型政策目标的主要作用体现在有效解决在产业发展过程中已经出现的问题，并预防类似问题的再次发生，其目标的核心价值取向是营造整个产业的健康发展环境，维护产业发展秩序。

　　（三）限制型政策目标

　　限制型政策目标是为了防止信息资源产业因无效投入和盲目建设而

――――――――――――

① 毕颖：《高新技术产业的政府政策扶持与我国政府的政策取向》，《河北经贸大学学报》2000 年第 3 期。

降低整体的产业竞争力，而采取一定的手段，将低效的、不合理的、落后的产业要素排除在产业门槛之外，以保障产业的整体水平。在实际的政策操作过程中，这一产业目标多数情况下被分解为对产业实行准入制、建立产业筛选机制等具体形式来实现。

（四）抑制型政策目标

抑制型政策目标是指对产业在发展的过程中出现的某些不符合整体发展需要的或者相对落后低效的产业形势或是产业现象进行抑制。抑制型政策目标常常出现在为纠正传统行业的盲目投资的政策中，对于信息资源产业这样的新兴产业，其出现的次数相对较少；但值得关注的是，由于信息资源产业的建设门槛低、污染小，极有可能造成地方的重复建设和盲目上马，因此运用抑制型政策目标，通过竞争淘汰一批结构不合理的低效产业要素，是非常必要的。

三、产业政策目标对整个产业政策的决定性影响

政策目标是产业政策的构成要素之一，而且是其中的核心要素，其核心地位体现在对其他要素构成与要素状态有决定性影响，这种影响具体体现在以下几个方面：

第一，产业政策目标集中反映了政策制定的总方向，对政策制定过程有规定性影响。政策制定是具有高度目的性的行为和过程，政策目标不科学、不合理、不明确，政策内容、政策措施、政策手段就失去方向，失去依据，更失去最基本的科学基础，必然影响政策措施制定，政策的绩效也大打折扣。

第二，产业政策目标是政策实施的主要依据，对政策实施过程与结果有根本性影响。产业政策目标既是政策实施的方向标，同时也是路线图和操纵杆，是政策实施正能量、正效果的科学基础和基本条件保障。政策不正确、不科学、不合理，政策就永远不会有好的实施效果，甚至

就根本无法实施。

第三，产业政策目标是检查、监督、评价、改进政策的最主要标准，对政策优化发展有根本影响。正确的产业政策目标是对产业发展客观规律的反映，决定着产业政策优化发展的基本方向，同时也是产业政策优化发展的不竭动力。

产业政策目标的决定性影响，决定了我们必须高度关注信息资源产业政策目标选择问题，始终将信息资源产业政策目标优化作为整个产业政策体系优化发展的首要和核心任务。也就是要确保在产业政策目标确定与完善改进方面，多投入力量。无数产业政策发展的实践证明，只有首先确保产业政策目标的科学有效，产业政策的全面优化才有可能实现。在产业政策优化发展的完整过程中，只有高度重视搜集并最终掌握与政策目标的相关信息，不断发现政策目标中的偏差，正确评价目标方案，持续改进和完善目标，才能使政策目标高度确定化。

第二节　我国信息资源产业政策目标中的问题分析

改革开放以来，我国出台了多项涉及信息资源产业发展的经济政策和信息政策以及多项产业管理措施，在一定程度上推动了我国信息资源产业的发展。在《国民经济和社会发展第十一个五年规划纲要》中，"鼓励教育、文化、出版、广播影视等领域的数字内容产业发展，丰富中文数字内容资源，发展动漫产业"[①] 的发展思路被明确提及，培育信息资源产业作为经济结构调整和经济发展方式转变的重要内容，被提升到国家战略高度。近年来，为鼓励和规范信息资源产业的发展，有关部门制定并出台了多项政策。其中，国家层次上的战略性、引导性政策如

---

① 国务院:《中华人民共和国国民经济和社会发展第十一个五年规划纲要》，2006 年 8 月 24 日。

《关于推动我国动漫产业发展的若干意见》（2006 年）、《国务院办公厅关于促进电影产业繁荣发展的指导意见》（2010 年）等；各地政府的地方性政策如《北京市关于支持影视动画产业发展的实施办法（试行）》（2009 年）、《深圳互联网产业振兴发展规划（2009—2015 年）》（2009年）等。在政策效果方面，都在一定程度上推动了我国信息资源产业的发展。笔者基于相关产业政策的分析，就政策目标中存在的问题进行了梳理。

一、具体产业政策目标指向多且矛盾抵触

政策目标的确立相对孤立而零散，衔接配套不够，缺乏整体布局意识，这是由政策主体独立性过强，且缺乏宏观层面引导所致。我国现有的信息资源产业政策多散见于各个行业或地方性政策之中，专指度高、系统性强的产业政策尚未出现，而能够对产业进行整体协调和引导的政策体系的构建刚刚起步。各个相对独立的行业性或是地方性政策，由于政策主体的相对独立，导致利益诉求的相对独立，这样的独立性最终体现在政策目标的定位上，并延续至政策实施的过程中。由于政策主体多为行业主管部门或是地方政府，在针对信息资源产业进行政策制定的过程中，放在首要位置进行考虑的，必然是本行业的利益或是本地区的利益，这一现象在任何政策的制定过程中都有出现。但与传统的政策制定有所区别的是，信息资源产业从产业运作形态到产业资源配置等诸多方面，都与传统产业相差较大，而在国家层面又缺乏高层次具有统领作用的政策对各个独立主体在政策制定过程中的行为进行指导和约束，导致各个行业主体在制定政策目标的过程中，完全从自身行业和地区的利益出发，而缺乏目标上的整体性。在各个独立行业主体所制定的政策中，体现为缺乏对上下游产业相关政策的配合，在各个地区主体所制定的政策中，体现为对统一项目的重复建设。以文化创意产业园的建设为例，

我国现有的文化创意产业园的数量在 300 个以上，有的省份有超过 30
家以上的文化创意产业园，区间同质化过度竞争现象比比皆是，造成大
量资源浪费，甚至出现了以文化创意产业园区为掩护，实为圈地做房地
产项目的问题。

二、不加区分地均以通过严格管制达成规范为基本目的

政策目标未能根据信息资源产业在我国尚处于幼稚期的特点，合理
地考虑调整规范严格程度，以对其进行相应的产业保护。信息资源产业
的产品，多数具有文化性，其生产和销售需要按照文化产品的标准面临
严格的审查制度。对于信息资源产业的产品审查政策①本身是必要的，
但如果不加区分地均以严格管制为手段，以达到绝对规范为目标，将使
我国幼稚的信息资源产业在受到国际上发达国家成熟的信息资源产业冲
击时，面临着破产的风险；我国的信息资源产业，由于受到文化产品审
批等限制，在产业的生产效率及产品覆盖范围上一直在国际竞争中处于
严重劣势。其中最为典型的当属对于电影的审查制度。一方面我国有一
整套电影审查体制，相对于国外的电影分级制度更为严格且禁播率更
高，另一方面仅在对国产影片和国外影片同时进行上映审查时，就存在
着双重标准——对国产影片的审查更为严格。这导致我国的电影行业发
展一直受到压制，即使是在国内院线与进口电影竞争时都面临着更为严
苛的管制，国际竞争力始终无法提高。

三、信息资源产业政策目标定位不集中、不精确

我国信息资源产业政策目标在目标的集中度和精确性方面存在着较
为严重的问题：一方面，整体目标结构是相对分散、取向多元的，这样

---

① 文化部：《文化建设"十一五"规划》，2006 年 11 月 9 日，见 http://www.china.com.
cn/policy/txt/2006-11/09/content_9252602.htm。

目标结构带来的直接问题就是难以形成目标重点，无法在短时间内聚集优势资源形成政策合力解决重点问题；另一方面，目标的具体内容和解释存在着较为严重的模糊不清、指代混乱的问题，其主要原因是由于信息资源产业的新兴性，对于信息资源产业的研究尚不够深入具体，很多说法、认识难以形成统一，以致政策目标在制定时无法清楚了解所需要达成的目标，形成具体而深入理解的目标，也自然无法选取具体的指标作为目标达成度。与此同时，如何形成有效的政策引导，是整个信息资源产业政策研究过程中需要解决的难题之一，如何为已有的政策目标确定合理的实现路径，而不是流于一般，是信息资源产业相关研究领域必须面对的。其具体表现为虽然已经制定了相对宏观的政策目标，但针对与目标所需要的具体引导，显得缺乏手段，难以对目标进行有效的分解和重构，导致相当一部分政策面临事倍功半的尴尬境地。

第三节　我国信息资源产业政策目标的约束条件

我国信息资源产业政策目标受多种多样复杂客观条件因素制约。就当前阶段我国信息资源产业的实际而言，对产业政策目标构成的最基本的约束条件包括产业总体规模、市场环境、产业整体发展情况以及消费理念和市场机制。

一、信息资源产业总体规模偏小，营利能力较弱，需要政策给予保护

无论是纵向比较还是横向比较，我国信息资源产业的整体规模都偏小；从业企业普遍存在着信息内容和服务缺乏深度，信息需求挖掘不足、客户群不稳定，收费方式数字化、网络化工具应用不到位，产品类型和服务方式不够丰富，企业经营能力差等明显问题，导致企业竞争力

不足、发展迟缓。其中动漫产业尤为明显，在中国青少年最喜爱的动漫作品中，日本动漫占 60%，欧美动漫占 29%，而中国原创动漫包括港台地区的比例只有 11%。

二、信息资源市场环境不够优化，企业生存条件恶劣，需要政策营造健康的产业环境

首先，法规政策体系配套方面，关于信息资源市场监管的法规政策体系在法律层次的规范极少，且缺乏普遍适用性；同时，许多法规政策通常缺乏实际操作的手段，由于信息资源产业的新兴性，很多相关的政策研究远远不够充分，只在原则、方向上进行了规定，对于监督机制、执行方式等等众多关系到政策成效的细节问题都没有进行深入的展开；最后，信息产品的时效性极强，信息资源企业的产品周期相比较于传统企业的产品周期大大缩短，这一点大大增加了企业风险，一旦某一代产品与市场的节奏脱节，极易造成整个企业彻底崩溃，而我国现有的信息产品审查制度的周期又过长，进一步使这种风险成为信息资源产业的"致命危险"。

三、信息资源产业整体发展迟缓，与发达国家差距较大，需要产业政策发挥足够的推动作用

信息资源产业中所体现的"马太效应"极其明显，已经占领信息资源产业优势地位的发达国家，早已建立起了相对完整的产业链，形成了较为成型的产业规模，其对于信息资源的标准制定、市场培育、用户忠诚等方面的优势迅速积累，使我国的信息资源产业与其差距越发巨大。仅以苹果公司的苹果移动设备操作系统为例，在其迅速占领了手机终端市场的制高点之后，其后续的手机应用以及各类相关标准，都只能遵循苹果移动设备操作系统的规定，形成了"苹果移动设备操作系统"

产品群。而我国的信息资源产业整体发展处于后发跟随状态，整体而言相对发展迟缓，与发达国家差距明显。

四、我国信息资源产品消费理念和市场运行机制都尚不成熟

我国虽然有着巨大的信息资源产品市场，有着巨大的信息资源产品消费潜力，但整体上市场的成熟度差。一方面，由于缺乏有效的监管，盗版这一问题始终困扰着我国的信息资源产品市场，给信息资源产品的生产厂商带来了巨大的损失，即使在盗版率不断下降的趋势下，2010年由盗版软件带来的损失依然超过了 1000 亿元，① 这背后反映的是市场的运行机制尚不成熟，缺乏有效的自我保护手段；另一方面，我国信息资源产品消费的消费理念依然和发达国家有着巨大的差距，"不愿为无形之物付钱"，长久以来一直是对我国信息资源消费者消费心理的最真实的写照，这直接影响了信息资源产业的营利方式的选择，使得基于内容本身的营利模式越发难以生存，对整个产业的健康持续发展形成了阻碍。

第四节　我国信息资源产业政策目标的优化定位

一、我国信息资源产业政策总目标

（一）我国信息资源产业政策总目标表述

从总体上看，我国信息资源产业政策的总目标为：通过信息资源产业政策的制定和实施，提高宏观调控能力和完善市场监管能力，彻底克服我国信息资源开发利用市场化、产业化程度低，产业规模小，缺乏国

---

① 吕文龙：《中国软件盗版率逐年降低》，《互联网周刊》2010 年第 10 期。

际竞争力的弊端；尊重市场的基本规律，发挥市场的资源配置功能，培育市场，扩大需求，促进信息资源市场繁荣和产业发展；对行业垄断、地方保护等问题进行重点突破，大力营造有利于信息资源产业生存发展的环境条件，营造公平环境，倡导良性竞争；基于信息资源产业规模的不断壮大、产业结构的不断优化、产业的经济效益与社会效益的不断提升、产业国际竞争力的不断增强，实现信息资源产业的健康发展，最终确立其在国民经济发展中的战略支柱地位。

（二）我国信息资源产业政策总目标的指标分解

1. 产业发展速度与规模指标

对于近期指标规模，信息资源产业应当每年保持 30% 以上的增长速度，在 2021 年中国共产党成立 100 周年时，成为我国国民经济的重要产业之一，经济规模实现占国家国内生产总值总量的 2% 左右。在具有一定的产业规模之后，也就是在 2049 年中华人民共和国成立 100 周年时，信息资源产业应当成为我国国民经济的支柱产业之一，经济规模实现占国家国内生产总值总量的 5% 左右。

2. 产业结构优化指标

对于信息资源产业结构优化的具体指标，本质上是要评价信息资源产业对于将输入要素转化为有效产品的能力，包括：推进信息资源产业的高度化，加强信息资源产业机构合理化，促进信息资源产业关联度，保持信息资源产业的可持续发展程度，优化信息资源产业的区位状况，提升信息资源产业的开放程度等。在具体指标的测量上，产业结构的高度化可以采用"标准结构方法"，目标设定为在与其他国家的信息资源产业平行高度比较时在前 30%；产业关联度可以利用投入产出表等资料计算产业影响力系数和产业感应度系数，目标设定为影响力系数和产业感应系数都超过 1，即形成明显的联动效应。

3. 产业双重效益指标

信息资源产业的发展，应当始终坚持经济效益和社会效益兼顾，始终将双重效益指标作为考察信息资源产业发展的重要指标之一。信息资源产业从某种意义上是异类内容产业，其生产的产品具有很强的精神属性，其中相当一部分产品生产的目的是满足人们的精神文化，将带来极强的社会效益，如动漫、出版等行业，应始终关注优秀影片数量、优秀图书数量等相关社会效益指标的提升，作为信息资源产业政策总目标的重要指标内容。

4. 产业国际竞争力指标

信息资源产业在实现成熟之后，应具备一定的国际竞争力。当我国的信息资源产业初具规模之后，我国信息资源产品在世界各国信息资源产品的输出的比例排名中，应处于前三的位置，成为我国重要的创汇型产业，每年为我国创造外汇占总数的 5% 左右。此外，要培育 5 家左右具有国际视野、处于相关产业国际顶尖位置的信息资源跨国企业，成为产业发展、参与国际竞争的龙头。

5. 国家发展战略定位指标

信息资源产业应始终定位为我国的战略性产业进行优先发展，根据中外发展经验，当一个产业的增加值在国为生产总值中占有 5%—8% 的比重时，这一产业就成为国民经济的支柱产业，这一目标在 2050 年左右完成。在 2075 年左右，信息资源产业成为在国家经济社会发展中具有全局引领和基础支撑作用的战略性核心产业，直接经济规模实现占国家国内生产总值的 20% 左右，届时将有超过 30% 的劳动力直接或间接从事信息资源行业或其衍生产业，我国将成为信息资源产业强国。

（三）提出我国信息资源产业政策总目标的客观依据分析

1. 我国有适宜信息资源产业发展的客观条件

由于信息资源产业资源依赖和劳动技术双密集的特点，其高速发展需要以下基本条件：优质而丰富的信息资源、充足的劳动力和强大的技术研发能力。我国作为一个文化储备丰富的大国，有众多可以挖掘加工的信息资源，而劳动力的充足供给一直是我国产业发展的核心优势，2010 年国务院新闻办公室发布的中国《人力资源状况》白皮书显示，我国的劳动力资源总数已经超过 10 亿；而信息资源产业所涉及的尖端技术相比较电子信息产业较少，同时我国的信息技术研发能力和引进能力都在不断增强，因此可以以此为依据，将较高产业发展速度和规模扩张速度作为我国信息资源产业的政策目标。

2. 国际信息资源产业的快速发展提供了有利环境

在一些发达国家，信息资源产业的地位正在逐步提升，对于其技术研发的投入也在逐年增加，应该说信息资源产业的发展正处于一个相对良好的国际市场环境和政策氛围中，有大量的国家合作和产业能力提升的机会。据专家估算，全球每天由内容创意产业产出的产值约在 220 亿美元左右，[①] 并且随着消费者整体对于文化消费、内容消费的需求不断增加，这一数字将继续增加。我国信息资源产业虽然起步较晚，但如果操作得当，完全可以借助后发优势和国际信息资源产业快速发展的契机，学习已有的成功经验、引进重要技术迅速提升。数字出版产业在这一方面已经积累了一定的成功经验，借助国际数字出版行业高速发展的有利契机，我国的数字出版行业也已经完成千亿产值的突破，步入了高速发展的轨道。这为其政策目标在制定时考虑其提升国际竞争力并优化产业结构给出了充分的理由。

3. 发展信息资源产业符合我国经济结构调整的整体布局

根据已有的研究，有专家曾表示，在国内生产总值中减去生态退化与环境污染所造成的经济损失，我国的经济增长速度实际上仅有 5% 左右。[②] 这是我国的产业结构调整急迫程度的最好证明，如果陷入用环境污染换取国内生产总值的恶性循环，我国经济形势必将面临更加严峻的

---

① 何东：《数字内容产业的发展与展望》，《软件导刊》2007 年第 21 期。
② 李扬：《中国真实国内生产总值增速仅 5% 左右》，2012 年 12 月 17 日，见 http://finance.qq.com/a/20121217/003664.htm?pgv_ref=aio2012&ptlang=2052。

问题，乃至从根基上动摇整个国家的经济稳定。

因此，调整产业结构，发展绿色环保型产业迫在眉睫。信息资源产业最为值得关注的特点之一是其环境友好性，其低消耗少污染的特点使其极有潜力最终成为一个典型的"绿色产业"。特点之二是产业中几乎不涉及第一、第二产业，主要以第三产业为主，对于第三产业规模的扩张有明显的支撑作用。以上两条特征十分符合我国经济结构调整的整体布局，因此在政策目标的制定过程中有必要将其提高到国家战略支柱产业的地位。

二、我国信息资源产业组织政策的目标

我国信息资源产业组织政策的主要目标是维护市场秩序、营造良好环境。我国现阶段信息资源产业规模尚未成型、竞争相对较小，应鼓励其进一步充分发展，同时优化市场资源配置、将大量掌握在政府手中的难以利用的信息资源进行合理有效的开发，减少因信息资源所有部门主观行政屏蔽而造成的信息资源垄断等问题的产生。同时信息资源产业组织政策的目标也应考虑到在产业达到一定规模后，面对可能存在的过度竞争等问题，需要采取相应的手段来维护市场公平及正常秩序，避免因竞争过度产生恶性竞争等不良现象的出现。

三、我国信息资源产业结构政策的目标

产业结构政策是产业政策的重要组成部分，指一国政府依据本国在一定时期内产业结构的现状，遵循产业结构演进的一般规律，规划产业结构逐渐演进的目标，并分阶段地确定重点发展的战略产业，实现资源的重点配置，引导国家经济向新的广度和深度发展的政策。考虑到信息资源的产业结构政策分为产业间和产业内两部分，其产业政策目标也分为产业间和产业内两部分。产业间的产业结构政策目标是指将信息资源

产业确定为国民经济重点发展的战略性产业，对信息资源产业进行整体上的政策倾斜，在资源配置方面具有优先权，为其创造更好的产业发展环境；产业内的信息资源产业政策目标是对于信息资源产业下的细分产业，对其进行有针对性的资源配置和发展模式规划，重点培养试点产业并形成规模和效应，带动其他细分产业的进一步合理高效发展。

四、我国信息资源产业技术政策的目标

我国信息资源产业技术政策的目标主要是提高科学技术水平、增加核心技术持有量和提升技术开发应用能力、培养掌握相关高新技术的优秀人才。由于信息资源产业是技术依赖性相对较强的产业，其整体的发展、转型和升级都离不开技术的支撑。[1] 对于我国的信息资源产业，利用政策手段引导技术进步尤为重要。在提升技术水平方面我们应积极引进发达国家的先进技术，同时加大自身研发创新的力度，努力掌握核心科技，弥补在技术上的劣势，避免在产业中沦为低利润的下游加工地位；在增强创新研发能力方面，应大力培养引进掌握相关技术的优秀人才，发展产学研一体化模式，为信息资源产业的长远发展提供技术保证。

五、我国信息资源产业空间配置政策的目标

我国信息资源产业空间配资政策的主要目标是结合区域经济特点，合理构建产业园区。产业园区的构建为信息资源产业初期的孵化提供了良好的条件，在资源和政策上的倾斜为加快信息资源产业发展提供了基础条件。但在构建产业园区的同时应注意到对信息资源产业进行合理的空间配置，是信息资源产业政策的长期目标之一，包括区域间的资源配

---

[1]　赵亮：《电子书阅读器，现在与未来的桥梁——2009 年电子书阅读器产业的发展与影响述评》，《数字图书馆论坛》2010 年第 6 期。

置和区域内的结构规划。为避免出现后期信息资源产业园区间出现恶性竞争、资源配置失衡等具体问题，应从建设初期就充分考虑产业结构的合理性、区域间的竞争性、产业链的形成整合等因素，结合各地地域特点，有规划地构建产业园区，并在园区内部进行结构整合，减少不必要的资源损耗。

第四章　我国信息资源产业政策主体的优化

政策主体是制定或影响政策生成的团体、组织或个人。不同的政治文化背景和社会经济发展程度导致各国政策主体间存在差异，这种差异直接影响了产业政策的实施效力。本章首先就广义的公共政策主体进行阐述，介绍政策主体的基本分类和中西方之间政策主体的构成概况，并进一步分析直接主体与间接主体的一般构成以及它们在政策活动中的主要表现形式；其次，将通过统计分析我国近年来信息资源产业政策的相关文件，指出我国信息资源产业主体的具体构成及存在的问题和缺陷；最后，通过对比美国、欧盟等发达国家或地区的发展经验，对我国信息资源产业政策主体结构优化提出相关建议，其基本目标是促进政策主体间多元互动关系的形成，提高信息资源产业政策的科学性、民主性和规范性。

第一节　产业政策主体及其对政策制定与实施的影响

一、产业政策主体

政策主体一般是指在政策运行的周期中，在政策的制定、评估、执行和监控等环节上对政策制定甚至政策目标起到直接或间接影响的组织或个人。[①] 各国政治、文化、社会背景、经济发展和意识形态的不同造

---

① 陈肖莹：《浅析中西方政策主体的差异及缘由》，《重庆科技学院学报》（社会科学版）2011 年第 12 期。

成了政策主体间的差异，这种差异主要体现在政策主体的具体构成以及各自在政策系统过程中所处地位、作用方式及影响程度的不同。政策主体的设置实为主体间政治影响力博弈的过程，是各主体运用自己的政治影响力获取更大程度的政策参与权和决策权，进而影响政策议程和决策结果的过程。我国信息资源产业具体种类繁多，涉及不同地区、不同行业和不同部门，关涉多种多样的社会关系。因此，产业政策主体也具有多元化、多层次的特征，产业政策主体的范围包括从执政党到立法机关及行政机关，从政府机构到民间各种性质、各种层次的社会组织及社会阶层。

（一）产业政策主体的基本分类

产业政策主体在政策制定过程中是以"经济人"的模型表现出来，其动机和行为都是为了实现自身利益的最优化。政策主体的组成要素有政党、立法机关、行政机关、利益集团、思想库、大众传媒、公民等各种组织或个人。我国政策学者为了揭示政策主体的构成特点和作用方式，主张可以从参与方式、组织形式、法权序列等不同角度对政策主体进行划分。[①]

1. 按照参与产业政策制定过程的角度分类

（1）直接主体：是指那些产业政策的法定制定者，也就是那些获得宪法和法律授权，享有特定公共权力，能够对多种社会资源进行明确法律规定保护和约束的权威性配置，对政策过程及其结果有主导性、权威性、根本性、决定性影响和完整社会责任的社会组织或个人，包括执政党决策机构、规定范围内的国家立法机关、行政机关、司法机关。

（2）间接主体：是指那些虽不具有明确的法定强制力，但能够通过潜隐规则权力、主动参与、接受约请、听证程序、选举推荐、个人接

---

① 张国庆：《公共政策分析》，复旦大学出版社 2004 年版，第 65 页。

触、群体压力、舆论压力等有形或无形干预的方式实质性介入政策过程中，并对政策制定和实施产生一定影响的社会组织或个人，包括参政党、企业组织、人民团体、研究机构、特定利益集团、大众传媒、社交媒体、智库组织、公民个人等。① 间接政策主体会随着我国社会主义政治民主化进程的推进得到更加多元化的发展。

2. 按照身份属性特别是以特定身份人（法人和自然人）是否具有履行法定公共权力为标准分类

（1）官方主体主要指依法具备法人资格并被法律规定具有公务性质的执政党、行政机关、权力机关、司法机关等。在我国，除上述四者外，人民政协、事业单位、行政性公司、某些社会团体、公务机构性质的智库组织等通常也能以公务机构身份参与政策过程，成为政策主体。

（2）民间主体主要指公民个人、特定利益集团、民间智库组织等。需要注意部分政策主体存在官方与民间的性质转换，如公民个人当选人大代表即完成一部分身份转换，在部分政策过程中成为官方政策主体。

3. 按照法权序列的标准分类

（1）国家公共法权主体是指拥有法律规定的法权地位，并获有我国相关法律授权，享有公共权威，作用于产业政策的制定、执行、评估等各个环节的机构和职位。中国共产党作为执政党，在我国政治经济生活中处于领导地位，是正式的国家公共法权主体。立法系统、行政系统和司法系统及其代表人或负责人，在我国都属于公共法权主体。

（2）社会政治法权主体是指经过法律认可和保护的，不具备法律强制力的社会行为主体，可以参与产业政策的制定、执行和评估过程。这类主体在政策过程中可以产生巨大的影响，有时甚至占据主导地位，但因其不具备合法的决策权而区别于国家公共法权主体。社会政治法权

---

① 郭远红：《中美公共政策制定主体的比较分析》，《华章》2009 年第 4 期。

主体主要有参政党、各类利益集团以及公民个人。

（3）社会非法权主体是指不直接参与产业政策的制定，但在一定情况下可以对政策制定产生深远影响的团体。有学者认为这类政策主体包括两类：第一类是处于幕后的，具有隐蔽性的利益集团；第二类是现代化的、有着广泛传播能力的大众传媒。① 特别是大众传媒机构在信息社会作为信息传播的媒介工具，以其巨大的影响力和较广的影响面，通过借助舆论影响、导向和控制等手段对政府决策形成了强有力的制约和影响。

从以上分析可以看出，直接主体与间接主体之间、官方主体与民间主体之间都有互相渗透或转换的部分，例如当公民当选为人大代表，就有可能从间接主体变为直接主体，从民间主体变为官方主体。而按照法权序列进行主体划分，政策主体从宏观的国家机构到微观的公民个人，其权力呈递减关系，联系政策制定过程中由集中到分散、自上而下的主体权力分布，更容易理解和区分相关的定义。类似的还有王宁提出的按照政策目的意义的分类方式，将政策主体划分为国家、执政党、政府、非政治社会组织、个人与家庭五类。②

（二）西方典型国家产业政策主体的构成

美国、加拿大、英国等西方国家产业政策主体可以概括如下：

权力序列的第一等级为立法、行政、司法三个权力机关及其附属的政治领袖、官僚集团、公务员和官方智囊团，它们对产业政策有着直接的控制力，往往能够决定一项政策的产生、变更和终结。

权力序列的第二等级为政党和利益集团，政党努力将各种特定的利益要求转化为一般性可供选择的政策方案，在此过程中政府官员的行为在很大程度上受到利益集团的影响。

---

① 卓晓宁：《公共政策中的政治文化：影响与功能》，《唯实》2011 年第 12 期。

② 王宁：《政策主体、主体性价值与公共政策分析——以中国教育政策为例》，《湖北社会科学》2008 年第 8 期。

权力序列的第三等级为大众传媒与平民。

（三）我国产业政策主体的构成

在我国，产业政策成为国家有效组织社会生产和引导经济社会发展的重要方式。因此，我国产业政策的主体主要包括政党组织、立法机关、司法机关、行政机关、人民团体、智库组织、特定利益集团、大众传媒、社交媒体、公民等，具体而言我国产业政策主体主要有以下组成部分：

（1）中国共产党中央和地方组织；

（2）全国和地方各级人民代表大会（及其常务委员会）；

（3）中国人民政治协商会议，以及地方各级委员会；

（4）中央和地方各级行政机关；

（5）中央和地方各级司法机关（人民法院和人民检察院）；

（6）行政性事业单位、行政性公司；

（7）非政府公共组织（人民团体、会员制互益型组织、公益组织等社会团体）；

（8）利益集团；

（9）公民个人；

（10）大众传媒（传统媒介、新兴社交媒体等）；

（11）智库组织等。

二、不同产业政策主体的政策影响分析

产业政策是国家意志和公共利益的表达，集中代表了居于统治地位的社会阶层和团体的利益，因此，产业政策的直接主体决定了产业政策的价值导向和基本内容，也就对产业政策的制定和实施过程与结果产生了根本性的影响。然而政策问题的挖掘、政策实施的监督与反馈及政策的进一步修订又需要政策间接主体积极广泛的参与，因此在产业政策自

身的内容中也应充分体现出落实各利益团体和社会公众的政策知情权与话语权的诉求，为公众利益提供合理合法的获取渠道。

（一）直接主体的一般构成与政策影响

表 4-1　直接主体的一般构成与政策影响

主体名称	一般构成		政策制定范围
执政党	中国共产党。负责产业建设的大政、方针、政策。对国家事务实行政治领导的主要方式是使党的主张通过法定程序，变成国家意志。成员来自社会各阶层，代表各阶层利益。		直接形式：如党的历次代表大会和中央全会通过的政策性文件；间接形式：政治领导，即政治原则、政治方向、重大决策的领导和向国家政权推荐重要干部。
立法机关	中国人民代表大会及其常务委员会	最高权力机关，是人民政府、人民法院和人民检察院公共权力的来源；不仅是重要的决策者，而且还是本级政府决策行为的监督者。其监督权包括：质询、审议、国政调查、撤销错误政策、罢免相关领导人；使中国共产党的意志合法地转变为国家政策。	宪法、基本法律、法律、地方性法规、自治条例和单行条例、人大决定。
	中国人民政治协商会议	起到统一战线的作用；是多党合作制度的组织形式，为各民主党派的参政议政的最基本的制度化途径；其作用虽类似于人民代表大会，但它没有正式的立法权。	在法案没有通过以前对法案进行审议，并通过这一过程取得共识，因此它实质上也参与了立法过程。
司法机关	人民法院和人民检察院		参与国家立法工作。

主体名称	一般构成	政策制定范围
行政机关（政府）	指中央和地方各级人民政府及其下属部门，包括国务院及其信息资源产业部门，如信息产业部、新闻出版广电总局、版权局等。是产业政策的制定和实施主体：首先具有法律赋予的部分立法权，提出立法建议；同时我国大部分信息资源管理政策的法规、规章、条例的政策文本都是信息产业行政主管单位起草制定的；其次，产业政策需通过各级行政管理部门和官员贯彻执行。	国家性行政法规、行政措施、决定和命令，部门规章，地方性规章、行政措施、决议和命令。

（二）间接主体的一般构成与政策影响

表4-2　间接主体的一般构成与政策影响

主体名称	一般构成	政策影响形式
非政府公共组织	人民团体、会员制互益型组织、公益性组织及其他未登记或转登记团体。	吸引和整合各种资源，用于调节市场失灵或政府失灵的局面，主要提供政府做不了或做不好、企业不愿意做的物品。是社会多元治理结构中的重要一元，是政府职能转变中的承接与合作者，是对决策权力制约的重要主体。
利益集团	包括行业性利益集团、地方性利益集团、部门性利益集团，还有因特殊利益而凝结成的利益集团，如生产者利益集团、消费者利益集团、文化利益集团、残疾人利益集团等。	利益集团一般来说代表着某些社会群体或组织成员的利益，通过参与政策的制定、执行和评估，表达他们的利益要求。
公民	最广泛的非官方政策主体。公民参与政策过程是为了直接表达自己的利益与诉求；公民对政策的认同是产业政策合法性的重要基础；产业政策有效执行的首要条件就是得到公民的认同。	公民参与政策过程的主要形式有直接形式：村民自治、社区自治；间接形式：投票选举各级人大政府、参加政党、政治结社、政治接触、集会游行示威、参加听证会等。

主体名称	一般构成	政策影响形式
传统大众传媒	电视、电影、广播、杂志和报纸等。	传统大众传媒可以及时反映公共问题,在传统大众传媒中流通的信息经过选择、整理、处理、淘汰等过程,是进行加工和筛选后提供给公众的。可以为政策的制定提供更好的公众支持环境,进而提高公众对政策问题的认知程度,扩大政策诉求群体。
新兴社交媒体	人们在网络平台和应用工具中彼此之间分享意见、见解、经验和观点的新兴传播媒介。	主要包括博客、论坛、播客、微博、微信等。因其受众面广,大多数声音都来自社会基层,且使用者的自发传播更进一步推动了信息的快速流通,其影响力越来越受到社会各界重视。
智库组织	有效连接社会和政府的媒介,能够提高公众对政策制定的参与程度,让相对分散的公众诉求进行集中,能有效实现决策的科学化和民主化,有官方和民间之分。	主要研究组织类型:社科院、中科院及相关高校设置的相应系、所、室等学术性政策研究组织;学术性和政策性结合的政策研究组织;个人、企业创办的相关研究所、咨询公司和研究会等民间政策研究机构。

第二节 当前我国信息资源产业政策主体

一、我国信息资源产业政策的主体构成

政策主体主要有政党组织、立法机关、司法机关、行政机关、人民团体、智库组织、特定利益集团、大众传媒、公民等。这些政策主体有官方与民间、直接与间接之分。政策主体在政策制定中的确定政策问题和目标、政策方案设计、评估论证和政策方案的最终决定等环节,根据自身性质发挥不同的主体作用,同类主体的不同部门也会在各自相应的

行业领域出台相关产业政策以保证产业良好有序发展。

纵观信息资源产业相关政策制定主体，中央级别制定机构可以分为三类：

（1）立法机关：党中央（及中共中央办公厅）、全国人民代表大会及其常务委员会。

（2）作为中央人民政府的国务院及其相关部门，如国务院信息化工作领导小组（及其办公室）、国家发展和改革委员会等；司法机关（人民法院和人民检察院）也具有一定的综合协调职能。

（3）国务院下属其他部门：发布政策文件数量较多的部门有信息产业部、工业和信息化部、新闻出版广电总局等，除此之外还涉及其他相关20多个部门，如教育部、科学技术部、公安部、财政部、国土资源部等。

除上述中央级别主体机构外，相应的地方人民代表大会（及其常务委员会）、司法机关及省、直辖市一级的信息资源产业主管部门主要包括各地经信委、文化厅、新闻出版广电局等也会联合其他人才、技术、资金等管理部门出台适用于当地的信息资源产业相关规定。笔者通过统计2006—2007年地方信息资源产业政策目录，发现政策发布机构主要包括省市级别的信息产业厅、信息产业办公室、信息产业局、信息化委员会、信息化领导小组办公室等，内容涉及信息化政策法律制度研究、数字内容管理、电子商务、互联网等相关领域，还在产业发展外部条件方面作出政策指示，如为企业发展、区域信息化发展、技术创新、招商引资、招贤纳才等提供政策保障。

位于行政机关第三层次的是基层行政主管部门。由于直接面向政策客体，这些部门主要负责信息资源产业政策的贯彻实施，并将基层意见反馈给上层政策直接主体。

除以上直接主体外，间接主体也会以各种形式参与到政策制定过程中。在我国，是指除了中国共产党之外的各个民主党派，是各自联系的部分社会主义建设者、劳动者和爱国者的政治联盟。各民主党派通过政治协商的方式，参与到国家事务的管理程序中来，参与国家方针、政策和法律法规的制定和执行过程。当然，这其中也包括信息资源产业政策的制定和执行。利益集团介于国家与个人之间，是具有共同目标和倾向的人的集合，在政策过程中，他们采取积极的、有计划、有目标的行动，较大地影响产业政策的决策结果。如我国电信业的改革中涉及的利益集团有：在位垄断厂商、潜在进入者、进入市场后的弱势竞争者、消费者、专家、学者、媒体等社会力量，涉及原邮电部、原机械电子部、原铁道部等众多部门。但是利益集团在改革过程中无论扮演多么重要的角色，作为间接主体其权益博弈也只是影响决策的基本要素，最终的决定权仍掌握在行政机关手中，电信业改革方案也由国务院最终确定。公民的利益和需求对政策制定产生深远的影响，也是维护和巩固政府合法地位的必要条件。大众传媒不具备公共法权，但在网络信息越来越发达的现代社会，它对公共政策的影响力也逐渐攀升。非政府研究组织属民间团体，其研究成果多为政府决策部门参考，具有政策建议的性质。

二、我国信息资源产业政策主体的结构性缺陷

（一）信息资源产业政策主体结构性缺陷的表现

1. 产业政策主体类别单一但数量繁复

产业政策主体以官方为主，缺乏其他非官方性质的社会组织和社会公众等民间主体的深度参与，对民间主体的政策影响力不够重视。一般政策形成过程只是根据上级总体安排或以部门或系统为单位，通过自下而上的总结报告等形式对本部门或本系统工作进行汇总，上级行政机关在此基础上作出评估和评价，缺少对总结报告形成过程的监督和报告真实性、科学性的考察。这种方式致使在政策制定过程中政府只重视自身

价值，忽视政府行为对社会组织和社会公众产生的影响，导致进行意愿表达及利益诉求的政策制定主体单一化。有学者统计了 1998—2010 年间与"信息"相关的政策文件，发现国务院一般部门发布的政策文件达到文件总量的九成以上，其中工业和信息化部（原信息产业部）、新闻出版广电总局所发布的政策文件就达到 83%。① 然而信息资源产业涵盖众多产业部门，除上述三个部门外还涉及 20 余个政府部门（不包括全国各类地方性政策条例的制定部门），政策主体的"寡头"效应明显。同时，相对上层的行政决策机关，基层社会组织和公众最能够亲身感受到政策给自身经济社会生活带来的影响，是政策效应的最真实体验者，如果民间主体在政策过程中得不到相应的意见诉讼条件和渠道，将导致政策主体中社会组织和公众代表的缺位和相关利益群体话语权的缺失，造成政策结论所含观点的片面性和欠真实性。

2. 产业政策主体能力不足

不能积极有效地引导公众的观念和行为。从实践来看，政策主体搜集公共问题信息、把握公众意愿的能力不强，因此也就不能积极有效地引导公众的观念和行为；政策主体的价值偏好和知识存量的关系导致有的政策一开始就是错误的、不符合公共利益，不能协调甚至可能加剧社会利益矛盾；公共问题错综复杂、不断变化，因此相关的产业政策需具有较强的关联性，避免出现矛盾和冲突的地方。首先主体的某些价值观不符合公共利益，其次主体自身素质及拥有的信息资源有限从而导致公平分配社会资源能力的缺乏，主体能力现状不满足日益增加和多样化的公众需求；入世新环境和经济全球化的挑战需要政策主体具有更强的竞争意识和全球意识，政策目光不应只局限于国内。以数字出版行业为例，一般而言政策、法律法规的效力高于规章和规范性文件，而

---

① 张璋：《我国信息资源产业政策：现状、分析与前瞻》，《图书情报工作》2012 年第 12 期。

2009—2011 年，国家发布的《文化产业振兴规划》、《关于发展电子书产业的意见》、《关于促进电影业法繁荣发展的指导意见》等政策文件都仅限于规范性文件阶段，立法少、效力低。政策主体缺少对经济发展规律和市场机制的充分认识和把握，无法从更广的视野和更长远的利益出发，一步到位地制定政策。

3. 产业政策主体分工不明确

信息资源产业政策与其管理机构息息相关，如果管理机构存在权责交叉和分工不明的情况，相应的其产业政策也很难得到准确客观的落实。由于信息资源产业是新兴产业，在我国政策文件中被正式提出也不过是近十年的事，再加上信息资源产业种类繁多，部门与部门之间也有交叉重合部分，这就导致不同部门间政策主体的分工不明确，主体构成参差不齐，难以在横向及纵向合理开展政策决策活动。政策主体的作用在相当程度上取决于部门领导的素质和重视程度，带有个人主观色彩，受人事关系牵制和自身利益驱动，政策目标以实现本部门利益为重，难以在政策制定过程中做到客观全面。在政府部门之间或政府与公众之间产生利益冲突时，如果不能很好地协调好社会组织与公众的利益诉求，不能使政府各部门各司其职，会使得政策制定缺乏公信力并导致政策冗余或政策缺失等现象出现。另外，社会公众的政策影响过程没有得到规范化，社会公众的政策主体职责亟须被客观定义并得到充分落实。

4. 产业政策主体间信息不对称

政策制定过程中普遍存在的信息不对称问题。政策制定的目的、规则、标准、实施情况等不同条目和环节应该根据国家法律法规予以公开，使政策主体平等地获取更为全面真实的信息，以便对政策制定提出更为科学客观的评价。政策过程的每一个环节都需要掌握足够的信息来进行客观的分析和科学的评价，但信息资源管理体制采取条块分割模式，多头领导，政策主体间信息不能得到有效沟通与分享，不同主体间或同一主体不同部门间掌握信息的水平存在差异，产生了信息不对称问题。这种信息差将导致产业政策难以实现公共效益最大化，对政策过程产生消极影响甚至导致政策失效。

（二）信息资源产业政策主体结构性缺陷的实际危害

信息资源产业的特有性质以及我国的政治体制大背景，使得我国信息资源产业政策在政策制定过程中，各主体的互动联系还存在许多问题与不足，因此这种结构性缺陷必然造成政策科学性、法制性、规范性和公平性的降低或缺失等实际危害。

1. 降低科学性

产业政策的作用是发现产业发展中的公共问题，提出解决方案，促进产业的良性发展，因此需要实现从过去的经验政策到科学政策的根本转变，在政策过程的每一环节都需要进行完整的协商互动，以确保发现问题的前瞻性、解决问题的科学性。过去的政策选择阶段常用"试错法"，如果没有在政策实施前期进行周备的考虑，而在实施过程中才去发现问题，再根据问题重新修订政策的话，是对国家人力、物力、财力的极大浪费，也会造成政策实施的效率低下、政策文件的冗杂。同时，由于政策主体的多头领导，容易出现同一问题在不同政策文件中得到不同的解决方案，或者政策问题没有得到科学归类而出现没有部门出台政策的局面，这就要求不同部门在政策制定过程中保证信息共享与流通，避免"多头"或"无头"问题的出现。

2. 影响完整性

信息资源产业领域的相关立法有《著作权法》、《合同法》、《反垄断法》、《广告法》、《专利法》等，这些法律涵盖广、边界模糊，缺少针对信息资源产业的专门立法。其他政策主体部门如原信息产业部、国家质检总局、国家工商总局、公安部、文化部发布了一系列配套政策规定，涉及电信业、出版业、动漫业、音像制品业等各个领域，如《计算机软件保护条例》、《电影数字化发展纲要》、《互联网信息服务管理办法》，以及从人才、市场、资金、知识产权保护等方面设定相关的保护条例如《信息网络传播权保护条例》、《关于加强行业协会规范管理和培育发展的工作通知》、《外商投资电信企业管理规定》、《关于加强中小企业技术创新服务体系建设的意见》等。从其结构上可以明显看出存在立法少、规章条例多、立法笼统、规章条例不明确等问题。法律法规偏于概括抽象，缺乏专业性、针对性和可操作性，而部门规章虽种类繁多，但其不能替代法律，立法仍存在大量空白。新的产业问题几乎每天都在涌现，如网络版权问题、个人隐私、垃圾邮件、不良短信等，如何采取措施快速有效地将各种问题一一击破，是未来政策的发展方向和发展目标。

3. 缺乏规范性

政策制定不是个人随意决定的，也不能朝令夕改，政策过程需具备程序化的规范要求。如果不能把产业政策转化和分解为具有可操作性、结合实际的程序和细则规定，将严重影响政策的质量、效益和代表性，并且可能滋生不必要的矛盾。信息资源产业政策的一大问题是内容提法过于原则和笼统，趋于定性描述，政策停留在口号上，缺乏可操作性。这也从另一个角度反映了政策制定过程科学性的缺失，无法将政策问题具体化和定量化，其政策指导意义的局限可见一斑。下层政策主体在根据上层主体出台的政策中无法准确揣摩其意图或具体做法，就有可能造成矛盾冲突，缺乏长期有效的指导意义。

4. 缺失公平性

面向信息资源产业的发展，政策种类和内容结构都需要从整体和综合角度予以设计和制定，必须要突破现有的管理分隔、职能交叉的限制，并且需要政策制定官方主体与民间主体之间的交流互动。在政策研究和制定过程中，各个政策主体之间如果缺少必要的联系和互动，不能让利益相关方都平等地参与，那么制定出来的信息资源产业发展政策必将是顾此失彼、有失偏颇的，必然会损害某方面的利益。这样的信息资源产业政策在制定和实施中就会暴露其不公平效应，对市场培育和产业发展所带来的危害巨大。

第三节　信息资源产业政策主体优化发展的国际经验

一、美国信息资源产业政策主体设置的特点

美国的信息资源产业政策主体设置体现了以市场机制为基础，从规划和政策引导入手，注重整体上规范和优化的特点。与此相应的，美国的信息资源产业政策也是以引导为主，在市场主导的情况下，政府重点弥补市场机制的缺陷和不足。

没有过多干预，为产业发展创造宽松、自由的环境，这种方式集粗放性、模糊性、统一性、广泛性于一体，能够充分通过市场化解风险，具有较强的自我保护能力，是一种柔性结构。[1] 因此，美国信息资源产业的健康发展主要靠市场调节维系，对产业政策的依赖性较低，但并不代表可以没有产业政策，美国的相关产业政策在市场的约束和自我调节方面发挥着不可替代的积极作用，政策对市场而言是不可或缺的保证因素。

美国信息资源产业政策主体作用与影响范围主要体现在以下四个方面：第一，国会从立法的角度，建立方便、快捷、有效的公共信息渠道，为产业发展提供法律保障和信息支持；第二，联邦政府重视产业发展过程中涉及的信息安全、个人隐私以及知识产权保护；第三，联邦政府和州政府注重信息资源的传播利用与高度分享；第四，所有政策主体均在市场培育上，强调以竞争政策为主，规制政策为辅。鼓励市场竞

---

① 杨全城：《信息内容产业发展模式及政策支撑体系研究》，合肥工业大学，2011 年 5 月。

争，保护产业环境，主要利用司法手段反垄断，保护正当竞争。具体而言，其政策主体作用过程有以下特征：

（一）产业政策主体的法权独立性

美国国会通常能够在独立决策的意义上行使立法权，行政部门是立法或政策建议的重要来源，享有"法律创制权"，不仅有权提交所需政策方案，还能向立法机关施加压力以使其政策建议得到采纳。各政策主体的立法权包括：联邦政府制定宪法及其他各种法律的行为，州政府和各县市作为联邦政府的执行机构，在执行法律和依法治理方面体现"法治"。前者拥有制定法律的权力，后者遵循既有宪法和法律的前提下，根据地方特色制定相应的地方法律、行政措施、行政法规、决定和命令。从国会到联邦政府再到州政府，各级权力机关在具体政策问题上，从决策权力分布到政治资源分配上都有明确的划分。如果州政府和县市法规与现行法律相抵触，联邦政府立法机关有权予以撤销。但这并不意味着权力的高度集中，相反由于联邦制结构较为松散，美国地方一级政策主体具有相当的决策权，为制定地方政策提供了良好的制度环境。

（二）产业政策主体间分权制约

近年来美国联邦政府行政权力也呈扩张趋势。为了避免政府权力扩张带来的主体权力失衡，美国在制定政策时，引入了包含各层级政府内部和参、众两院三大部门之间，以及联邦政府与州政府之间的分权概念。由于美国联邦制度确立了联邦高于州以及地方政府的地位的原则（主要体现在州法律不得与联邦法律相抵触，以及最高人民法院通过对具体案件的审理和裁定权而衍生出的另一种联邦政府的权力），州与联邦之间客观存在着一定的从属关系。与我国司法机关在政策制定中影响力不大的情况相比，美国司法机关（即法院）拥有司法审查权和法令解释权，可通过判例对产业政策中的经济政策（财产所有权、合同、企业、劳动关系等）和社会政策（如福利政策、基础设施建设等）的性质和内容产生很大影响。最重要的是，法院不仅参与政策制定，规定政府不能做什么，还能规定政府应该做什么、采取何种行动和措施以符合宪法和法律的要求。

（三）最大限度的公民参与

美国实行两党制的政治体制，政党在各自政策纲领中体现多数选民的意愿，尽力避免与强势社会团体发生直接的利益冲突，在最大限度上争取民众的支持。

美国政府官员在政策制定过程中，其行为很大程度上受到利益集团的影响。公民围绕自己利益的保护问题而组成的影响各级政府决策的利益集团遍布全国，利益集团自身的社会地位、资源状况、规模与凝聚力、团体领袖声望、竞争团体状况等因素都将影响某一利益集团对政策制定的影响。

（四）灵活的政府管制与市场调节

美国现代经济条件下的政府管理主要运用法律手段，但法律条款往往是原则性的，所涉范围有限，不可能将产业发展过程中产生的问题考虑周全。因此需要寻找更为灵活又较为规范的手段填补法律的空缺。基本法律以外，产业政策的制定增强了联邦政府和地方政府的宏观调控能力和抉择能力。美国施行的是以"政府+市场"为主的市场经济，因此政策制定必须权衡在资源配置、行为调节等方面，政府与市场的权衡与制约。联邦政府以弥补市场缺陷为出发点，以市场机制的正常有效发挥为归宿，取得了政府主动引导与市场自身作用互为弥补、互相协调、共同促进、相得益彰的良好政策效果。市场在信息资源产业发展中起到了基础作用，只有在市场失灵的情况下政府才有机会介入，为产业政策作用的发挥提供需要与可能。市场与政府的无缝结合才能更好地保证产业政策实施效果。

二、欧盟信息资源产业政策主体互动关系概况

欧盟产业政策主体众多，决策过程较其他政策更为复杂。与共同经济政策接近于垂直管理的"硬"机制不同，信息资源产业政策的主体互动机制是一种以多方交流协商为特点的"软"机制①。信息资源产业政策的决策过程是一个包括欧盟机构、成员国政府、产业、企业、消费者、非政府组织、专家学者在内的利益相关者之间的多层互动关系。欧盟委员会、部长理事会和欧洲议会一直在产业政策过程中发挥主导作用，是产业政策的核心主体。

欧盟委员会享有立法、措施和行动计划的创制权，依据各项提案的不同，总司会有所变化。在欧盟委员会的30多个总司当中，在产业政策过程中发挥核心作用的是企业与产业总司。其目标是保证共同体政策能够促进欧盟信息资源产业竞争力的提高。由于信息资源产业政策需借助其他相关政策得以实现，企业与产业总司在起草文件时会与其他总司（包括竞争总司、研究总司、内部市场与服务总司、就业与社会政策总司、地区总司、对外贸易总司、信息社会总司等）进行协商，形成各总司间相互依赖、相互协调、相互促进的主体互动关系。

部长理事会负责审批所有欧盟信息资源产业政策的提案。目前对产业政策决策影响力最大的是竞争力理事会（它由原来的内部市场理事会、工业理事会和研究理事会于2002年6月合并而成），它的主要工作是在欧盟委员会提供的信息和分析的基础上，确定欧盟竞争力存在的横向和部门问题，并在作出对企业与产业发展有影响的政策决策时，对竞争力因素给予充分考虑。

欧洲议会中负责产业政策有关事务的主要是工业、研究与能源委员会，其首要职责是负责欧盟信息资源产业政策和促进新技术在各行业的

---

① 孙彦红：《欧盟产业政策研究》，社会科学文献出版社2012年版，第65页。

应用，还包括与中小企业有关的措施制定。经济与社会委员会和地区委员会是欧盟的两个决策咨询机构，在欧盟信息资源产业政策中扮演重要角色。经济与社会委员会成员包括三类：各类公私企业的代表、各国的工会组织和非政府组织、农场主组织、小企业代表、消费者组织、环保组织等。根据欧盟条约规定，作出信息资源产业决策之前，理事会和委员会必须与经济与社会委员会磋商。地区委员会主要由地方政府的首脑、议员、市镇官员等组成，分别代表各地区的利益。因政策调整势必影响地区社会经济的发展，欧盟产业政策的决策大多也需要征询地区委员会的意见。由于经济与社会委员会和地区委员会具有广泛的代表性，在政策过程中欧盟决策机构往往与其保持紧密的联系。

欧盟信息资源产业政策的互动机制是一种以多方交流协商为特点的软机制，主要表现为政策过程中的多种协商形式。这些协商形式主要包括高层小组、技术平台、特别工作组和论坛，其中以前两种最为普遍也最为重要。这种协商形式不仅局限本行业，也可在欧盟委员会领导下进行行业间的合作沟通。

三、国外信息资源产业政策主体优化的经验总结

美国联邦政府和地方政府与社会的关系一直是美国政策制定关注的焦点，它所体现的是美国联邦政府、地方政府权力与个人权力之间的关系问题。美国在制定信息资源产业政策时，尤其注意有效解决和处理好主体间以下几个方面的关系：

（一）处理好政策范围和目标的非市场化关系

美国联邦政府和地方政府解决和处理好政策范围和目标的非市场化关系，将市场调节能力以外的问题发掘出来，有效地帮助政府明确政策职责与方向，在政策问题确定阶段打下良好的基础。只在市场机制无法充分发挥作用的领域以产业政策的方式对产业发展加以干预，弥补、矫

治市场缺陷，形成市场与政府的最佳结合与双向调节。

（二）处理好公民权利与政府决策的关系

各级政府着力解决和处理好产业政策制定中公民权利与政府决策的关系。为了保证产业政策的科学性，必须坚持政策决策过程的民主性、公开性和科学性，特别是要建立健全的、适应市场经济要求的政策决策机制，绝不容许政府及政府首脑用个人思维方式主观决定政策取舍，保证产业政策切合实际，满足市场调节自身的需求。美国政府部门在政策制定过程中广泛听取部门、地方、政策执行单位及公众意见，并以基层公众意见为主要参考。在具体制定环节中，反复研讨、论证来自各方的意见，协调各方利益，做到科学定量化研究，尽可能地避免决策的主观片面性。同时，信息资源产业政策的决策内容和制定过程，在不违反保密和国家安全的情况下，全部向公众公开，充分发挥民主机制。①

总结欧盟信息资源产业政策主体多层互动机制的几个基本结论：①欧盟产业政策主体互动机制是一种"软"机制，强调政策过程的公开性、协调性与开放性；②通过互动机制中的主体协商形式，欧盟委员会能够定期对产业整体及产业各部门的发展状况做出较为细致和深入的了解和调查分析，使得产业政策总体方针和具体措施的制定更加具备现实基础，做到准确的宏观把握和微观调节。随着产业发展，欧盟信息资源产业政策运行机制的轮廓会更加清晰，调控力度会更加有力。尽管主体互动的大多数活动仍集中在形成政策和初期执行上，政策后期监管和反馈中多方互动实践并不多，但不难预见，欧盟在信息资源产业政策的实践过程中，会根据现实需要进一步发展出其他的协商形式，但协商的核心特征不会改变。

---

① 陈代昌：《美国公共政策制定的基本经验及其对我们的启示》，2011 年 3 月 10 日，见 http://www.chinavalue.net/Finance/Blog/2011-3-10/718909.aspx。

第四节　我国信息资源产业政策主体的优化选择

一、多元化成为我国产业政策主体优化发展的必然选择

改革开放以来，我们党和政府一直在探索新时期发展公共服务、处理复杂社会事务、解决复杂社会问题的新路径。"治理"就是在探索过程中发现的可以取得比较满意成效的一种新方式，它在党和政府履行社会管理职能时具有特殊的有效性。"治理"通常也是产业政策的目标，产业政策也是"治理"的基本方式和手段。

治理与传统党政机关对社会公共事务的管理有很大不同，主要表现在：①治理强调管理主体的多元化，强调党政机关在其中发挥主体作用的同时，注重发挥其他社会组织和公民个人在管理中的作用。②治理实际的管理范围大幅度扩展，由于其采用的管理方式主要不是管制而是服务，管理是寓于服务之中实现的。因此，只要社会有服务需求，就应当响应，相关的社会事务就需要去处理。从社会的整体公共利益出发，社会不需要用法律制度限制这种服务的实现，这也就使实际的管理范围有了拓展。③权力运行机制发生改变。治理是一个上下互动的管理过程，权力的运行方向不再是单一的、封闭的、自上而下的，而是双向或是多向的、互动的，它主要通过合作、协商、伙伴关系、确立认同和共同的目标等方式实施对社会公共事务的管理。④各个管理主体间通过协调和沟通发挥协同作用，分担原本全部都是主要党政机关的责任。这使管理成本大幅度降低，而管理成效大幅度提升。⑤注重发挥机制和环境氛围的作用。传统党政机关实施的管理注重发挥强制力、权威和直接控制中的财力、物力资源的作用，治理则更多地通过构建产业政策体系等方式，充分建立和完善可以持续推动事物发展的机制，营造使事物得到优化发展的环境氛围。⑥手段呈现多样化。治理作为一个持续互动过程，

作为一个公共服务提供过程，需要借助各种管理技术和方法提高管理效能，以更好地实现服务公众、维护公共利益的目标。在这些手段中既有刚性十足的硬工具（法规制度、命令指令等强制性的），也有充满柔性的软工具（信息导引、指南、最佳实践推介等推荐性、指导性、自愿性的）；既有法律行政手段，也有经济利益手段。只要具备真正的有效性，都可以单独或者结合应用，而其中旨在解决产业发展问题的"治理"手段，主要就是以多元政策主体为特征的产业政策。产业政策主体的多元化是未来发展的必然趋势，而这种趋势也会为我国信息资源产业健康有序发展提供良好的制度保障，消除过去政策过程中的种种弊端，开拓科学有序的新局面。

二、我国信息资源产业政策主体的多元构成

我国信息资源产业政策主体的多元构成首先体现在主体设置上。我国政策体制复杂，属于典型的条块管理。"条"是指按照国家的行政系统组织来进行，强调纵向的"归口管理"；"块"是指强调各级地方党委和政府的"属地管理"。横向体现在我国产业政策制定主体中所包括几个相互独立、平行的行政主管部门。优点是分工明确，职责分明；弊端是不同行业主管部门之间缺乏沟通，权力和利益关系复杂，在政策制定过程中缺乏一致性和协调性，容易出现政策彼此冲突、矛盾相左的现象，导致我国信息资源产业政策多变，缺乏连续性、稳定性。纵向体现在政策主体包括中央和地方两个层次，信息资源产业政策中央与地方并举，每个省市都会出台一套适应于本省的地方性产业政策。因此要协调好中央与地方的关系，保障中央产业政策目标得以实现，在不违背国家政策的前提下突出地方特色，做强、做大产业优势项目。

其次，信息资源产业组成复杂，产业部门有传统与新兴之分，有研究设计、数据处理、信息出版、传播服务等类别之别，是集经济、政

治、文化于一体的产业。信息资源产业不同行业之间在产品属性、运营
方式、商业模式、组织结构等行业特征上都有所区别，不能一概而论。
比如：图书出版业与报业看起来类似，但它们的市场结构却很不一样。
报业带有部分垄断性质，而图书出版业相对分散，小出版社众多，涉及
企业面大。而且由于图书与报纸面向客户、受众面不同，在发行模式上
也有天壤之别。这就表明信息资源产业政策的制定需要尽可能地考虑多
方面因素：一方面需要根据产业特点确定相关子产业政策的主体和制定
过程，另一方面需要在产业个性中找出共性，在特殊性中把握一般性，
在更高层次进行产业政策的总体设计与规划。

　　此外，针对信息资源产业政策的时空动态特性，政策主体也应作出
相应调整。我国幅员辽阔、国情复杂，各地经济文化发展颇不平衡，信
息资源产业发展差异颇大。信息资源产业政策的制定必须与本国的经济
发展水平和政治文化现状相适应，同时要考虑地区差异，结合经济发
展、地理环境、政治体制、历史文化等影响因素制定地方性的产业政
策。产业政策必须与时俱进，适应国际、国内经济形势的变化，必须满
足国家经济发展总体战略和产业结构转换的要求。在不同的经济发展阶
段，所采取的产业政策是不同的。另外，在产业发展不同阶段产业政策
也有所不同。

　　根据以上政策主体现状分析，我国未来政策主体优化方向应当向更
加多元化、层次化、动态化的方向发展。首先，信息资源产业涉及行业
领域众多，为解决隶属问题，在国家越来越重视信息化产业发展，解决
"条块"管理的问题。2014年2月27日中央成立网络安全和信息化领
导小组。该领导小组着眼国家安全和长远发展统筹协调涉及经济、政
治、文化、社会及军事各个领域和信息化重大问题。同时作为各部门间
的协调者和信息共享平台，新设部门能有效解决政策不配套、政策间重
复冗余及政策空白等现象，从宏观上把握和提升政策的完整性和科学

性。其次，增设行业协会和智库组织，因为要正确地掌握不同行业的政策问题，深入调查和研究必不可少，然而隔行如隔山，每一个行业要想做强做专，都需要有专门的专业机构和必要的智力支持，同时世界政治经济环境变幻莫测，若不能及时把握世界大环境内的实时动态，也无法将我国的信息资源产业做大。最后，民主化的手段是必不可少的，公众的利益诉求需要得到更多的渠道和媒介，政府需要为其提供更为强大的法律保障，除立法机关外，司法机关也应发挥更为强大的法律监督作用。

三、我国信息资源产业政策多元主体间的互动机制

信息资源产业政策主体范围与互动关系的设计需要信息政策体系的改革，会涉及政治、经济、文化、教育等广泛领域和新闻出版、广播电视、游戏动漫、互联网等众多行业，触动社会各阶层、集团、组织和公民个人的利益。要研究政策议程中的政策主体影响力行为，就必须分析在具体的决策过程中具有不同偏好的政治主体在政策过程中的影响力。[1] 结合我国国情及政策体系发展现状，通过前文对我国政策过程中主体范围及主体影响过程中相关问题的分析，可以考虑从以下几个方面界定产业政策主体的范围及其政策参与机制：

第一，中国共产党作为执政党在产业政策中处于绝对的核心地位，主要发挥政策的政治规范作用，提供法律基础，引导产业政策未来的发展方向。主要职能为：制定元政策、确定政策方向、制定总政策、基本政策，提出总体规划与要求、规定产业政策的价值与目标、实现周期等等。[2] 执政党上述政策的制定与执行应通过立法机关把其主张转换成国家意志，通过行政机关贯彻实施。总体来说这种参与方式宜粗不宜细，应当以指定主要政策框架为主，充分发挥政策导向作用。

---

① 张劲松、唐贵伍：《论政策议程中政策主体的影响力互动及其表现》，《理论导刊》2007 年第 8 期。

② 王学杰：《改善我国公共政策参与方式的思考》，《中国行政管理》2001 年第 2 期。

　　第二，人民代表大会及其常务委员会拥有立法权和审议权，并以此为依托进行政府职权监督和公众利益的立法保障。主要职能为：在执政党（中国共产党）提出政策要领与框架之后，将这种主张通过立法程序转变为国家意志加以向下实施；对来自全国各级政府的产业政策方案进行审议批准，与宪法、法律相抵触的产业政策方案则予以撤销或纠正；成熟且符合公众利益的产业政策方案上升为法律文件。如针对信息资源产业政策进行专门立法，明确在产业政策活动中政策主体的参与方式，规范其参与行为。除上述基本职能，人民代表大会还应在立法监督上加强管理，针对政策决策过程中存在的不完善、不合理之处加以监管，力避政策落实不到位、滥用职权或职能虚化等倾向，真正做到对国家负责、对人民负责。

　　第三，政府是政策实施的纽带，处于实际操作的中心地位。政府兼有产业政策制定和执行的双重职能，一方面是执政党和国家权力机关的执行机构，另一方面在公共管理的范围内是决策和执行一体化的机构。其具体职能包括：贯彻执行执政党（中国共产党）的路线、方针、政策和人民代表大会颁布的宪法、法律和决议、制定和执行不同行业领域、不同地区的各项具体政策方案，经济社会发展战略、方针和计划，听取和吸收政协委员的政策建议等。政府产业政策的焦点，是政策从上而下执行及信息从下而上反馈的枢纽，是决定产业政策质量的关键因素，同时也是最为庞大冗杂的全国性机构。为此，应当对政府职能进行深入梳理及划分，使政府的主体地位更加明确。同时，信息资源产业发展不够成熟，机构设置不完整、不合理，可依据专业化和协调性统一原则，由国务院直接牵头建立信息资源产业政策协调委员会，向各相关产业部门分配专门性政策制定任务，搭建信息服务分享平台，既做到政策服务配套，又能减少重叠交叉现象。① 政府与企事业单位之间的关系并

---

① 马海群、张丹丹：《信息政策系统的运行机制研究》，《图书馆论坛》2005 年第 6 期。

不十分清晰合理，官办不分、以办代管和政企、政事不分现象依然严重，这种管理体制不利于产业发展和市场经济要求。随着国家经济和产业的进一步发展，需要建立新型的政策主客体关系。

第四，政治协商会议是民主协商机构，是产业政策过程中发扬社会主义民主的重要形式。其主要职能为：对产业政策方案提出咨询建议；就重要的产业政策问题进行调研和取证，对政策问题的真实性、可靠性、科学性进行严格把关；在政策实施过程中以政策客体身份评价政策质量并据实及时地反馈信息；在政治协商会议开会期间作为人民代表充分表达来自各界人民的意志和愿望。[①] 政治协商会议在政策问题研究过程中起着重要作用，严格把握信息来源和信息处理过程，以确保真实反映公众问题及其向产业政策转换过程的科学性，真实表达社会各界人民的坚强意志和良好愿望，确保产业政策价值取向的公正性。

第五，参政党、人民团体、利益集团、智库组织和社会公众作为产业政策间接主体，一方面通过转变身份，以参政党、带官方性质的民间团体表达自身意愿，另一方面作为政策客体提供智力支持。前者如各参政党、工会、共青团、青年联合会、妇女联合会等政协组成单位，主要以政治协商会议的形式向国家权力机构表达自身所联系的群众团体的利益和愿望；后者主要通过人大、政协的宪外活动和大众传播媒体发表来自草根的声音，而这种方式近年来也越来越受到各方面重视，其影响力也日渐壮大。然而在当前信息资源产业政策制定过程中，产业界、中介机构、行业协会不健全，发展滞后，重视度与参与度不足。随着现代化技术和政治文明的快速发展，民间政策主体的参与渠道应当更加多样化、规范化和民主化，使参政党、人民团体、法人组织、公民和民间组织等主体参与政策过程由被动转为主动，由间接转为直接，可以有效减少信息反馈过程真实性的丢失。特别值得注意的是各种互联网传媒的兴

---

① 文勇：《公共政策伦理研究》，西南交通大学，2005 年 5 月。

起，以微博为例，其近年来在政策问题反应机制上为普通公众提供了更为直接快捷且影响力巨大的传播渠道，成为公众和传媒手中影响上层政策制定的一大利器。未来应当为这种信息传播方式提供更为全面有力的保障，形成行政机关与社会公众间的信息"直通车"。

此外，产业政策参与方式的改善、政策主体结构的优化与舆论环境和公民自身素质也是分不开的。未来应当进一步加强政府信息公开透明化、舆论监督开放化；从政府官员到普通百姓应当加强文化知识的武装，积极学习产业政策相关知识，提高各级官员和公众参政议政的水平和社会公众反映政策问题的水平；向上层领导机关输入产业政策专家，避免决策的主观片面性和"试错"先行修订在后的落后做法，整体提高产业政策的科学性。①

通过上述政策主体的职能界定和优化建议，使主体间相互补充、相互支持、相互监督，既保持独立又存在相互依赖的互动关系和网络体系，而不是简单的自上而下的权力分配体系，同时通过改善政策大环境及产业政策参与方式，大力推动政策体制改革的进程。

---

① 孟劲：《公共政策主体及其作用过程》，《铜仁师范高等专科学校学报（综合版）》2006 年第 3 期。

第五章　我国信息资源产业政策取向的优化

产业政策取向是产业政策的核心内容，它体现了政策主体制定政策的目标、动机、基本态度和决策意图。本章将提出信息资源产业政策取向的优化设计方案。首先，从政策学的角度阐述产业政策取向的概念和功能；其次，按照本书第三章提出的产业政策分类，分别对我国现阶段信息资源产业的组织政策取向、结构政策取向、技术政策取向和空间配置政策取向现状进行调查，分析现阶段产业政策取向的利弊；最后，结合大量国内外信息资源产业案例和统计数据，对产业组织政策取向、结构政策取向、技术政策取向和空间配置政策取向作出详细的优化设计。

第一节　产业政策取向及其功能

一、产业政策取向

政策取向即政策的基本价值取向，体现了政策内容的核心政策主张，反映了政策主体在制定政策时的动机和所要达到的目标，是政策主体基本态度和决策意图的体现。政策取向是政策内容中最重要的组成部分，也是政策实施过程中的基本思想。换而言之，政策取向决定了政策内容、政策措施和政策手段。产业政策取向即产业发展和调整过程中要达到的基本政策目标。例如，我国在促进动漫产业发展的过程中，确定了"规范动漫产业市场环境"的政策取向，在此政策取向的指引下，政府对国产动画片的播放时间、播放比例、发行许可、题材规划和审批等方面都制定了详尽的政策，以此来规范动漫产业的市场环境，为产业的发展创造了良好生存空间。由此可以看出，政策取向为政策的具体制定和落实规划了方向，明确了政策实施所要达到的目标。

二、产业政策取向的基本功能

有什么样的产业政策取向就决定了有什么样的政策内容、政策措施和实施手段。产业政策取向将围绕总产业目标，更加细致地明确产业发展的方向，使得所制定出的产业政策更具条理性、科学性、规范性和可执行性。具体而言，产业政策取向功能在于以下三方面：

一是引导功能。产业政策取向是根据产业目前的发展现状，在总结现有问题和缺陷的基础上调整产业思路，明确产业下一步需要加强之处。从一定意义上说，政策取向具有超前性和规范性。产业政策取向立足于现实，放眼于产业发展的方向，对产业的发展起到引导作用，并且其对产业内各主体的行为进行规范性引导，引导政策主体明确在产业发展过程中可以做什么、应该做什么、应该怎么做、做到何种程度。通过科学的政策取向的有效引导，甚至能够促进产业实现超常规发展。

二是协调功能。产业运作过程中充斥着各种利益主体的利益纠纷和矛盾，产业外部、产业内部的利益关系能否协调，在一定程度上影响了产业能否健康有序地持久发展。产业政策取向是基于现实问题而提出，阶段的政策取向能够在宏观上公平合理地对产业内部利益主体权益进行权衡，对产业内外环境进行协调与配合，对各种利益失衡状态进行制约和调节，使得各种利益关系得到处理。

三是优化功能。产业政策取向能够促进产业结构趋于合理化和高度化。产业结构的调整依赖于产业内外资源数量、配置方式等，而这又关乎产业政策的调节分配。政策取向的明确，能够在全社会范围内对产业所涉及资源进行宏观规划和配置，并依托实施具体的政策手段和政策工具，调节产业内外的资源分配，从而达到对产业结构的优化。

第二节　我国信息资源产业政策取向的现状

一、我国信息资源产业组织政策取向的现状

（一）基本情况

通过对《关于推动我国动漫产业发展的若干意见》、《关于鼓励数字电视产业发展的若干政策》、《进一步鼓励软件产业和集成电路产业发展的若干政策》和《工业和信息化部关于做好缓解当前生产经营困难保持中小企业平稳较快发展有关工作的通知》等组织政策的政策取向进行归纳并总结其共性，体现出现阶段我国信息资源产业组织政策取向主要在于：以政府和大型国有企业为投资主导，鼓励中小企业发展，加强对市场的培育和监管，鼓励企业加强产业资源整合，支持重组并购，鼓励信息资源产业间合作和竞争，参与国际竞争。[①]

（二）利弊分析

我国现有信息资源产业组织政策取向充分明确了大型企业和中小企

---

① 国务院办公厅：《关于推动我国动漫产业发展若干意见的通知》，2013 年 2 月 11 日，见 http://topic.ec.com.cn/article/topicnews/200908/9148-8_1.html。国务院办公厅：《关于鼓励数字电视产业发展的若干政策》，2013 年 2 月 11 日，见 http://www.chinaacc.com/new/63_73_201011/17su433732164.shtml。国务院办公厅：《关于印发进一步鼓励软件产业和集成电路产业发展若干政策的通知》，2013 年 2 月 11 日，见 http://www.gov.cn/zwgk/2011-02/09/content_1800432.htm。国务院办公厅：《工业和信息化部关于做好缓解当前生产经营困难保持中小企业平稳较快发展有关工作的通知》，2013 年 2 月 11 日，见 http://www.gov.cn/gzdt/2009-01/05/content_1196256.htm。国办发：《关于加强信息资源开发利用工作的若干意见》，2013 年 2 月 11 日，见 http://www.forestry.gov.cn/portal/xxt/s/2519/content-397614.html。

业在产业发展中的作用，并且认识到了良好的市场环境以及竞争机制对调节产业组织的作用，此外还就促进产业组织优化建设提出了重组并购的取向建议，这为壮大产业规模问题提供了良好的解决思路。但是，目前的产业组织政策取向并没有就不同规模的企业的发展提出具体的规划思路，例如对不同规模的企业应该作出不同的引导，对大型企业、中小型企业的发展模式并没有作出具体思路上的规划。此外，在现有政策取向中只是提及企业与企业之间的合并重组，并未对企业与企业之间的合作进行明确规划，具体而言没有在产业链思路下进行企业之间的分工合作方面的指示，此外在信息资源产业的一些配备资源上也有所缺乏，如基础设施配置、人力资源配置等。

二、我国信息资源产业结构政策取向的现状

（一）基本情况

由于我国目前信息资源产业的概念尚未完全普及，所以并没有对信息资源产业机构调整作出规划，仅仅在《关于加强信息资源开发利用工作的若干意见》中提出要"强化全社会的信息意识，培育市场，扩大需求，发展壮大信息资源产业"。① 但是对部分子产业发展规模和产业结构做了一定的展望：譬如在《关于推动我国动漫产业发展若干意见》中指出"应打造若干个实力雄厚，具有国际竞争力的大型动漫企业，培育一批专业性强的中小型企业，力争用 5 至 10 年的时间，使国产动漫产品的生产数量大幅增加、产品质量明显提高、技术创新能力持续增强"。另外在《电子信息产业调整和振兴规划》中提出，2009 年到 2012 年电子信息产业对国内生产总值的贡献不低于 0.7%，软件和信息

---

① 中办：《关于加强信息资源开发利用工作的若干意见》，2013 年 2 月 11 日，见 http://www.forestry.gov.cn/portal/xxb/s/2519/content-397614.html。

服务业在电子信息产业中的比重从 12% 提升到 15%。①

（二）利弊分析

我国现行信息资源产业结构政策对子产业的规模和结构有了一定的规划，但是没有确切地将子产业放置在整个信息资源产业内部来看待，并且子产业的政策也不全面。另外，由于概念的缺失和不一致，导致没有对整个信息资源产业结构的地位认同及规划安排，也没有对信息资源产业进行明确划分。此外，还缺少一些对整个产业结构起到重要影响作用的因素进行规划和安排，使得产业结构问题得不到政策的保障。

三、我国信息资源产业技术政策取向的现状

（一）基本情况

现阶段我国信息资源产业技术政策取向主要是支持技术自主创新，并在一定程度上支持国外技术的引进。例如，我国"十二五"规划明确指出，"要基本形成以企业为主体的产业创新体系，软件业务收入前百家企业的研发投入超过业务收入的 10%，拥有自主知识产权的基础软件、业务支撑工具和核心技术取得重大突破，自主发展能力显著提升"。同时，引导企业充分利用国内外资源，增加国家科研项目的设立和支持基金的投入力度，鼓励国外先进技术的引进，鼓励国外研发机构和企业在我国设立研发中心。例如，《关于促进电影产业繁荣发展的指导意见》中曾提出要求我国电影产业利用国际先进技术来实现自我完善，并且要加快自主创新能力建设，提高电影数字设备的国产化水平的政策意见。②

---

① 国务院办公厅：《电子信息产业调整和振兴规划》，2013 年 2 月 11 日，见http://www.gov.cn/zwgk/2009-04/15/content_1282430.htm。

② 国务院办公厅：《关于促进电影产业繁荣发展的指导意见》，2013 年 2 月 11 日，见http://www.gov.cn/zwgk/2010-01/25/content_1518665.htm。

（二）利弊分析

现阶段的信息资源产业技术政策取向充分认识到我国在产业发展中存在的技术软肋和技术的重要作用，特别是对研发自主创新技术有了明确的指示，这在一定程度上为企业进行技术研发提供了政策上的支持。此外，现有政策取向引导企业加强国际交流合作，鼓励引进国外先进技术，这一取向进一步为我国实现技术大跨越奠定了基础。但是在可操作环节上，并未出现有指导性、扶持性的政策取向，特别是在对发展技术的金融税收环境、法律环境等方面的政策取向上尚待完善。

四、我国信息资源产业空间配置政策取向的现状

（一）基本情况

目前，我国信息资源产业空间配置政策旨在整合信息资源产业资源，促进规模经济的形成，在北京、上海、深圳等信息资源产业相对发展迅速的地区为产业提供更多的政策倾向，而在我国中西部等欠发达地区，政策对信息资源产业的发展关注较少。

（二）利弊分析

我国存在着东西部发展不平衡、城乡发展差距大、数字鸿沟现象严重等问题，所以信息资源产业政策应该在这一领域给予足够的政策，以促进信息资源产业地域协调发展，减少数字鸿沟，充分发挥信息资源产业的代际辐射作用，充分利用发达的信息网络基础设施，将信息资源产业向产业不发达地区拓展。此外，在空间配置政策取向问题上，产业发展政策的制定并没有抓住信息资源产业发展的规律和特点，仅从经济发展水平、地理环境优势等因素进行单纯的考量，不利于发挥信息资源产业的作用，导致差距更加扩大。

从上述分析可以看出，目前我国信息资源产业的部分产业政策取向在产业发展初期，对促进整个产业发展有促进作用，能准确把握产业发

展初期应该大力发展和重点把握的产业发展方向，为政策的进一步贯彻和落实，以及发挥政策效应奠定了良好的基础。但是也有部分产业政策取向存在缺失、误导的问题，影响了政策内容、政策工具和手段落实的全面性、协调性、科学性和有效性，所以需要进一步在已有产业政策取向的基础上，对其进行优化设计。

第三节　我国信息资源产业组织政策取向的优化设计

产业组织政策旨在调节各种资源在产业内部、企业之间的优化配置。产业组织政策要有利于加强企业的竞争动力，使其能在市场中开展有序有效的正当竞争，又要充分利用规模经济性，使得资源在产业内部、企业之间优化配置，以避免过度竞争、不正当竞争、无序恶性竞争带来的低效率和社会不公。当前我国信息资源产业组织存在的问题主要是企业规模小、高度分散、有序化程度低、缺乏竞争力。产业规模经济水平低意味着存在产业集中度低、产业关联度弱和基础设施重复建设的问题，并且产业内部"大而全"、"小而全"的现象较为普遍，企业与企业之间的专业化协作水平比较低，产业组织过于离散，集中程度和关联度较低。此外，信息资源产业市场竞争秩序不良，存在着过度竞争和行政垄断的现象，大部分企业都缺乏国际竞争力，有的企业甚至没有国际竞争力。针对这一实际情况和我国当前所制定的信息资源产业组织政策取向的不足之处，可以发现我国目前的信息资源产业政策主要政策取向应该是：鼓励有规模、有潜力的企业继续做强做大，对旗舰级的企业给予扶持，并且进一步提高信息资源产业的产业集中度和关联度，创造规模经济效益，提高企业之间的专业化分工与协作水平，鼓励有效有序的正当竞争。概言之就是要"抓住大的、振兴小的、结束无序达到大治"。抓住大的，即抓"旗舰级企业"，使"旗舰级企业"做大做强；

振兴小的，即扶助和繁荣发展中小企业，鼓励中小信息资源企业走"专、精、特、新"道路；结束无序达到大治，即治理产业内的过度竞争、恶性竞争、不正当竞争，打破行政垄断、行政事业单位垄断，维护正常的竞争秩序，提高竞争效率。

一、支持"旗舰级企业"做大做强，加速产业重组进程，推动大企业、大集团的成长，提高产业集中度和关联度，创造规模经济效益

所谓旗舰级企业，即在产业内能起到领头作用，具有号召性、示范性和引领性，对整个产业有重要影响的骨干企业。重视旗舰级企业的壮大，将对整个产业基础的夯实、产业组织化程度的提高和产业发展方式的转变起到关键作用。

旗舰级企业做大做强有利于优化我国信息资源产业组织。我国目前信息资源产业，企业规模普遍偏小，深层次高质量加工而成的信息产品和服务较少，企业创新能力不足，行业发展动力欠缺。在市场竞争中，竞争手段单一，很多中小企业以打价格战的手段来抢占市场份额，并没有一批足以支配价格、影响市场和产业发展，具有领头作用的旗舰级企业。[①] 旗舰级企业是我国信息资源产业体系的重要主体，发展良好的旗舰级企业能够推动产业内部技术的革新和研发能力的提高，带动部分大企业、大集团的成长，促进大企业和中小企业的分工协作，对信息资源产业区域化形成具有推动作用。换而言之，如果没有旗舰级企业的发展，则产业化发展就会失去依托，产业化发展道路将受阻。以百度公司为例，成立于2000年的百度主要提供中文信息检索服务。经过十几年的发展，百度已占搜索引擎市场的72.44%，公司2012年净利润为人民币104.56亿元（约合16.78亿美元），与2011年相比增长了57.5%，

---

① 杨吉华：《文化产业政策研究》，中共中央党校，2007年5月。

现已成为全球最大的中文搜索引擎。① 百度在成为旗舰级企业的道路上，对整个产业的技术变更、思维变革和营销模式都产生了重大影响，随之也就带动了中小企业追随的步伐，共同推进搜索引擎市场的规范平稳发展。

旗舰级企业做大做强还有利于提高产业集中度和关联度，实现规模经济。产业集中度和关联度的高低对产业秩序的形成和产业经济效益有重要影响。产业集中度和关联度低，说明少数大企业对市场控制力较弱，也就导致行业内部可能产生产能过剩致使各方矛盾加剧的现象，还会导致市场竞争环境的恶化。促进旗舰级企业的做大做强，提高其在市场中所占份额，才能发挥其在行业内的主导作用，通过产业链纵向整合来达到产业链的内部整合，实现规模经济效益。并且从我国国内市场大环境来看，这样的整合重组模式能够充分发挥市场作用，壮大产业发展规模。

在政策制定中要加强对旗舰级企业的关注，促进产业重组，形成以大带小、以点带面的行业发展模式。

二、积极扶持中小信息资源企业发展，鼓励中小企业走"专、精、特、新"道路

积极扶持中小信息资源企业发展，是发展我国信息资源产业的客观要求和现实需要。

首先，就中小企业发展现状来看，其对国民经济的重要作用不容小觑，改革开放后，特别是 20 世纪 90 年代以来，中小企业发展态势迅猛，数量激增，已经成为国民经济发展的重要组成部分。据相关数

---

① 数据中心：《搜索引擎使用情况分析报告》 2012 年 12 月 31 日，见 http://engine.data.cnzz.com/main.php?s=engine&st=2012-12-01&et=2012-12-31&peizhi=&uv=1。《南方都市报》：《百度 2012 年净利润 105 亿元同比增 57.5%》，2013 年 2 月 5 日，见 http://epaper.oeeee.com/D/html/2013-02/06/content_1806112.html。

据显示，截至 2012 年，中小企业已经占据我国企业总数量的 98%，为我国新增就业岗位贡献率达到 85%，生产新产品量占到总数的 75%，发明专利占总量 65%，这些数据显示出了中小企业在促进就业、促进产品创新发展以及对整个经济推动方面起到重要作用，对我国整个经济的发展都有重大影响。[①] 所以，信息资源产业的发展离不开中小企业的参与。

其次，中小企业对信息资源产业发展有特殊意义。目前，很多中小企业在信息资源产业中已经崭露头角。事实证明，在信息资源产业发展中，中小企业与大企业、大集团相比存在自身的发展优势，主要在于中小企业有强大的创新能力。信息资源产业的发展更多的不是依托企业的规模、技术、资金，而是依靠创意和智力，所以简单说，信息资源产业是典型的创意密集型、智力密集型的产业，企业是否拥有强大的创新能力决定了其生存能力。中小企业在增强创新能力上的优势在于：第一，中小企业在规模、供应量、信誉度都不如大企业的困境中，更有产品创新研发的热情，更有留住创新人才的觉悟，也更能够在产品创新中找到突破点，加强自己的竞争能力。第二，信息产品和服务质量的好坏，很重要的一点是其是否能为消费者提供个性化、特异性的产品和服务。中小企业由于企业规模小、管理阶层缺少市场定位灵活，其在感知市场变化和需求后，能够在较短时间内作出决策，确定及时的生产营销方案，更能快速满足消费者的需求。

再次，中小信息资源企业的发展离不开政府的扶持。在市场竞争环境中，中小企业有自身的优势，但也存在部分劣势。一是资金方面，中小企业往往面临着融资渠道窄、融资难度大的困境，由于信誉度有限，且缺少抵押物，银行对中小企业的信贷投放规模也有限，中小企业往往

---

① 马骏：《中小企业占中国企业数量的 98% 以上》，2013 年 1 月 1 日，见 http://finance.sina.com.cn/hy/20120426/100211929864.shtml。

面临资金紧张，周转不灵导致资金链断裂的危险。所以，如果政府能在拓宽融资渠道、增加资金扶持方面给予中小信息资源企业支持，将在很大程度上降低其面临的风险，增加企业的稳定性。二是信息资源来源方面，由于信息资源产业原材料即对信息资源的加工，根据政务公开信息内容显示80%以上信息资源掌握在政府手中。政府只有继续坚持政府信息公开，促进中小企业对政府信息资源的开发和利用，才能最大限度节约企业的信息资源收集成本。三是中小企业由于被自身实力所限制，其抵御市场风险的能力也相对有限，往往走上被吞并的道路。

所以，中小信息资源企业的发展需要在政府的扶持下开展，我国目前信息资源产业的现状意味着政府应该将政策侧重点放在改善企业发展的外部环境，并通过一些扶持政策，引导中小企业走"专、精、特、新"之道，生产出专用性强、精细制造、有独特性、创新性的信息产品和服务。此外应鼓励创业，进一步简化公司注册的行政流程，减少管理成本，鼓励中小信息资源企业的创新，提升整体创造力。

三、维护正常的竞争秩序，避免产业内不正当竞争，提高竞争效率

由于利益驱使，产业内难免出现各种违反诚信公平的不正当竞争行为。不正当竞争行为主要表现在用欺诈、虚假宣传、损人利己等手段通过损害其他经营者利益而使得自身获益。不正当竞争会对整个产业的发展产生致命打击，主要危害在于：首先，不正当竞争严重破坏市场竞争秩序，降低竞争效率。欺诈、侵犯他人商业秘密、恶意贬低竞争对手等不正当竞争行为违反了市场竞争公平公正的原则，用恶意手段打压竞争对手而在市场中获得垄断或集权优势，将严重扰乱社会经济秩序，阻碍企业的创新发展动力、产业的技术进步和整个社会生产力的发展。其次，不正当竞争行为严重侵犯了消费者的合法权益。消费者一旦深受名

不符实、价高质次的产品和服务的侵害，便失去了消费的热情和积极性。市场需求的萎缩，将导致市场供过于求的状况，使得企业包括整个产业面临生存压力。

我国信息资源产业正处于产业发展初期，良好的竞争环境对产业的健康可持续发展有重大意义。但是我国目前整个市场大环境中不正当的竞争行为依旧存在。例如在互联网产业领域，2010 年，瑞星公司谎称360 公司故意诱导用户只能使用 360 产品，而导致瑞星利益受损。360公司随之向法院起诉瑞星公司的不正当竞争行为，法院也判定瑞星公司不正当竞争成立，要求瑞星公开发表道歉声明并赔偿 360 公司 20 万元。[①] 事实证明，法律法规的约束是必不可少的。虽然《中华人民共和国反不正当竞争法》已于 1993 年开始颁布实施，但就信息资源产业而言，信息资源产业是个新兴的产业领域，由于信息资源的特殊性，其产业发展模式与传统产业发展模式有较大差别，《中华人民共和国反不正当竞争法》的法律条款对某些现象在适用性、针对性等方面特别是在版权侵害、用户抢夺、病毒营销等方面需要特别作出规制。

所以信息资源产业政策中应该加强对不正当竞争行为的管理和控制，进一步维护竞争秩序，提高竞争效率。

四、促进合理分工，提高专业化协作水平

信息资源产业的"大而全"现象，是指信息资源企业为了持续扩展和追求多元化的生存方式，持有"大而全"或"大而强"的观念，在生产发展过程中涉足行业内各种产品和服务，甚至跨界进行产品研发和生产。"小而全"现象是指每一个信息资源企业都产供销一体化，从信息产品和服务生产的最开始连续做到产品终端，并没有体现企业与企

---

① 财经网：《瑞星被判不正当竞争　赔 360 公司 20 万道歉 10 天》，2013 年 3 月 7 日，见 http://www.nbd.com.cn/articles/2013-03-07/720881.html。

业之间的分工优势。

　　企业"大而全"的发展模式使得企业往往不考虑自身优势、禀赋和拥有的资源，在多方顾及的状况下，导致资金、设备、人力等企业资源投入广而分散，最后也就产生了"拆西墙，补东墙"、"哪样都有，哪样都不精"的局面，致使企业没有核心产品和服务，也就在市场中失去了核心竞争力。企业"小而全"的产业链通吃现象会导致重复建设、恶性竞争的后果，术业有专攻，企业应该在产业链中找到专攻的方面，从而对资源进行集成化分配，这样也更有利于为消费者们提供基于专业分工的集成服务。例如，国内的思科公司，其主营业务是为互联网解决方案，该公司在为其合作伙伴的网络平台建设提供服务和思路过程中，在其专业服务领域内不断做精做强，从提供先进的网络技术和设备到智能网络环境的配备，思科已经成为毋庸置疑的网络服务提供领导者，其成功正是由于对核心的网络服务竞争领域的执着探索。①

　　此外，合理分工、专业化协作的模式有利于产业集群的出现，这在我国很多传统行业成果的经验中已经得到验证，例如浙江产业集群中义乌的成功案例，通过企业与企业之间的内部协调和磨合，形成全面和细分的产业链，大家共同为生产一个产品而贡献自身专业特长，从而做大了一个产业。

　　所以，信息资源产业组织政策的一个目标就在于在产业发展初期，破除"大而全"、"小而全"的现象，引导产业内部各企业资源的整合，加大专业化分工进程，营造大企业与大企业、大企业与小企业之间、各区域企业之间优势互补共赢的局面，努力形成产业集群，扩大产业的区域影响力和全国辐射力。

---

　　①　中国信息产业网:《思科发布'云'合作伙伴计划》，2011 年 3 月 8 日，见 http://www.cnii.com.cn/index/content/2011-03/08/content_850490.htm。

五、强化政府监管与服务，规范信息资源市场秩序

信息资源市场秩序的规范，对整个产业发展至关重要。良好的市场秩序既是价格机制、供求机制、竞争机制能够有效发生作用的保障，也是产业得以持续发展的保障。市场秩序最基本的要求是保证公平公正，只有在公平公正的环境下才能促成交易的产生，才能促成长久的买卖合作关系，所以应该加强对信息资源市场秩序的建设，提高市场净化水平，规范市场行为准则，使得所有市场主体都能够按规章办事，维护企业和消费者的合法权益，提升社会满意度。

但实际情况却是市场失灵现象时有发生。首先，信息资源市场存在外部效应，特别是负面外部效应。在负面外部效应下价格机制是扭曲的，价格体系中传递出错误的市场信息，影响对资源的优化配置。由于信息资源易复制等的特殊性导致负面外部效应可以使产品生产者以最小的成本获取最大的收益，在价格市场上占据明显优势，从而排挤正面外部性产品，例如盗版软件、光盘等。其次，信息资源市场信息不对称现象严重，例如买房双方对交易信息拥有量严重不对称。由于信息资源产品和服务不同于实体产品，购买方能够利用感官和触觉对实物进行价值判断，基于无形的信息加工的信息资源产品，只有使用过才能判断其真实的价值。信息不对称往往会导致消费者利益受损。再次，信息资源的特殊性导致信息生态问题多发，信息寻租、信息虚假、信息安全、信息污染、版权侵犯行为等影响了市场的正常运作。

所以，信息资源市场秩序的规范需要政府的介入。公共利益理论认为，市场往往面临失灵现象，而政府作为公共利益最大化的追求者，掌握被监管对象的全部信息，能够通过实时监管而纠正市场失灵现象。政府凭借"有形的手"，通过执行法律法规手段、行政手段、技术手段、思想引导手段等方式，能够对市场的准入与退出、市场交易规则的制

定、价格的稳定、利益的平衡等方面进行宏观调控，强化监管与服务的意识，真正为促进信息资源市场秩序的稳定发挥作用。

六、提高我国信息产品和服务的国际竞争力，扩大信息产品和服务的出口，鼓励企业"走出去"

在经济全球化和区域集团化进程下，我国经济与世界接轨，参与国际分工是必然趋势。目前，我国农业、工业已经广泛投入到国际市场竞争舞台中。但是目前出口的产品主要集中于原材料、加工型产品等附加值低、能耗大、劳动密集型的产品。参与国际竞争的优势也主要集中于价格优势，产品的信息含量、科技含量相对较低，具有我国自主知识产权的产品微乎其微。随着国际社会对低端产品需求逐步下降的趋势，出口形势日趋紧张，我国传统行业产品在国际市场上受到的排挤越来越显著。

要想在国际市场竞争中取得优势，必须依靠绿色环保、低消耗、附加值高的产品加入。当前世界各国都在大力发展信息资源产业，信息产品和服务的消费成为新的经济增长点，并且是以几何倍数飞速增长。所以为了跟上世界信息化发展的趋势，跟进世界信息资源产业前进的步伐，我国企业必须实施"走出去"的战略，通过打造具有国际影响力的产品、服务和品牌参与竞争，明确自身竞争优势，从而获得世界认可。目前国内部分触觉敏锐、实力强大的企业已经逐步迈出了国际步伐。2013 年初，腾讯公司主打产品之一——"微信"已经在美国落地，参与同美国即时通信系统（whatsapp）、日本的即时通信系统（line）等同类第三方应用程序的竞争。腾讯凭借约有 3 亿用户的基础和雄厚的资金实力，将在国际同类应用程序中展开角逐。①

---

① 东方早报网：《腾讯欲借微信介入美国移动应用市场》，2013 年 3 月 8 日，见 http://www.ebrun.com/20130308/69005.shtml。

　　此外，由于信息资源本身所具有传播性和共享性的性质，也决定了我国信息资源产业必然要出现在国际竞争舞台上。扩大信息产品和服务的出口，吸收外国信息源、资金和技术，提升本国信息资源产业的实力，是产业发展重要的环节。

七、根据信息资源产业链构成的特点，强化产业关联度

　　信息产品与信息服务的产生先后经过了信息的生成、收集、组织、加工生产与营销等过程，其产业链包括信息资源的采集业、研发处理业、终端产品和服务生产业、包装销售服务业等环节，由此能够确定其产业链由基础设施提供商、信息源提供商、信息内容加工商、系统集成商、网络运营商、产品服务提供商和消费者组成，并形成了多个产业的关联关系。在信息资源产业链运行过程中，上游产业、中游产业、下游产业之间关系紧密，上游产业将直接对中下游产业起影响作用。产业链中还会有一个核心的产业，其将对每个阶段产业的发展起到带动作用。

　　从信息资源整个产业链的构成来看，上游产业为信息产品和服务研发产业，中游为信息产品和服务生产业，下游产业为信息产品和服务销售业，其中的关键产业为信息产品和服务研发业。在上下游产业中，也是由若干个子产业所组成，例如在上游产业中，包括了信息设备制造业、信息采集业等为信息产品和服务研发提供基础的子产业。产业之间互相关联、互相影响：产业关联度越高，链条越紧密，则资源配置的效率越高，相反如果产业关联度弱，则会导致整个产业链运行不顺畅。信息产品和服务的研发处于整个产业链的最上游，产品与服务的类型、创意、符合需求程度是否合理将直接影响到中下游产业的发展。其中，信息的采集环境作为上游产业的一部分，更是源头中的源头，如果信息采集业的发展较为薄弱，则信息加工处理业的发展进程也将随之受到阻碍，进而又直接影响到信息传输业和信息服务产业的发展。

　　所以政策设计中要重视对上游产业和下游产业的联系紧密度，通过对信息资源产业状况的清晰认知，合理分配各个子产业的发展速度和发展空间，达到资源的优化配置。

八、适度开放信息资源市场，鼓励企业形成较强的国际竞争力

　　在实施"走出去"战略的同时，也应适当试行"引进来"的战略。"引进来"战略的意义有如下三点：

　　一是适度开放信息资源市场，允许部分外国先进技术与资本的进入，为我国信息资源产业市场注入新活力。部分西方国家如美国等已经在信息化发展的道路中掌握了先进的技术，形成了相对成熟的产业发展经验，我国可以在学习研究对方企业运营的过程中深化对信息资源产业发展的认识，拓展对产业发展模式的认识，增强对信息产品和服务的类型的认识。

　　二是通过信息资源市场的适度开放，为我国信息资源企业和国外跨国信息资源企业的合作创建平台。例如，2012 年 5 月，在第四届中国云计算大会上，微软、IBM 等国际信息技术巨头纷纷关注中国云计算市场。IBM 阐述其在中国的云计算战略，即 IBM 将与中国政企合作，通过切实途径来提供一系列的云构建和云服务，IBM 预计 2015 年，将通过云计算获利 70 亿美元。IBM 为实现在中国本土的深入接触，其在秦皇岛经济技术开发区完成了全球首个云计算平台的三维互联网孵化平台的建设，提升了地区产业水平，对国内信息资源产业起到了促进作用。①

　　三是适度开放信息资源市场，将打破国内部分企业长期形成的垄断

---

　　① 搜狐财经：《IBM 宣告进军中国云计算市场》，2012 年 5 月 26 日，见 http://business.sohu.com/20120526/n344145763.shtml。

局面，使得企业在参与同国外企业竞争中，努力把提高企业产品和服务的科技含量、质量、水平作为己任，更多以满足市场需求为导向，制造出更多满足人们个性化、多元化信息产品和服务，而非利用垄断优势获取市场暴利，长此以往我国将得以紧跟世界发达国家的信息资源产业发展步伐。

九、完善信息资源产业发展的基础设施，建立优化的产业发展服务体系

信息资源产业的发展，主要是依托信息人才的知识和智慧，通过信息硬件和软件对信息资源进行开发和利用，最终生产出信息产品和服务，并实行产业化发展的过程。在这个过程中，信息资源基础设施的建设，产业发展服务体系的创建和优化将为产业发展奠定基础，对信息资源产业的持续发展至关重要。

就信息基础设施而言，其是否完备直接决定了信息资源开发的效率和效能。就当今国际信息资源发展的前沿项目——大力运用云计算或者大数据的技术趋势来看，都向信息资源基础设施建设提出了提高计算与存储能力的要求。完善信息资源基础设施建设，能有效解决产业发展的客观缺陷，保持与世界接轨。目前，我国尚面临严峻形势，据 2011 年《信息化蓝皮书》显示，我国信息化水平在全球还处于全球偏低水平，信息化发展指数中，基础设施、环境与效果指数与世界先进水平差距尤为明显。特别以基础设施建设中的宽带为例，我国平均下行速率为 1.8 兆位/秒，不及经合组织国家的四分之一，仅排名世界第 71 位，同时我国宽带网普及率仅为 9.6%，和经合组织国家 24.3% 的普及率相差较大，而宽带资费却是国际平均水平的三到四倍之多。① 所以，信息资源产业

---

① 中国新闻网：《信息化蓝皮书：中国信息化处于全球中间偏低水平》，2012 年 12 月 30 日，见 http://www.chinanews.com/it/2011/07−28/3217680.shtml。

发展的基础设施建设仍然应该成为政策倾斜的重点。

此外，依托信息资源基础设施而构建的产业发展服务体系主要表现为信息服务系统的创建。信息服务系统作为搭建信息资源和信息生产利用者关系的操作平台，其能够帮助解决信息资源的分散性、提高信息资源的共享性、增加信息资源的可利用性，并为各方利用信息资源提供了可能。目前，我国信息资源服务系统的创建尚未成型，服务平台、服务系统的创建才刚刚起步。

综上所述，信息资源基础设施的完善应该成为政策取向中重要的环节，并由此促进产业服务体系的形成和优化。

十、加快培养产业发展急需的人才

在影响信息资源产业发展的众多因素中，人才起着决定性的作用。创新型人才、复合型人才能够提高知识到生产力转化的速率，是信息产品和服务高质量、高可用性的保证。信息资源产业领域对人才要求相对较高，信息人才不仅需要懂得信息资源产业发展和运营的规律，又要具备某类具体信息资源的知识，并且能够熟悉信息技术应用，这对我国的高等院校教育也提出了更高的要求。

我国目前信息资源产业中的人才问题亟待解决：从数量来看，我国信息资源产业人才供给不足，从业人员数量增幅缓慢。相关数据显示，虽然我国信息资源人才在 2003 年到 2007 年间由 240 万增长到了 698.3万，但是相对于信息资源产业旺盛的增长势头还是稍显缓慢。从产业内部人才供给来看，子产业内人才供给不平衡，呈现出人才更多地聚集于传统信息资源产业，而网络出版、游戏、动漫等新兴信息资源子产业人才紧缺的局面比较突出。① 此外，我国很多信息资源企业的核心人才也对国外人才有过度的依赖性，不但影响了我国信息资源产业的长久持续

---

① 朱雪宁：《我国信息资源产业人才短缺问题的对策》，《情报科学》2009 年第 7 期。

发展，也影响到了我国产业在国际平台上的竞争力。所以，在接下来的政策取向问题上，应该积极实施信息资源产业人才战略，将人才培养放在重要位置，加快发展产业急需的人才。

十一、建立健全有助于形成信息资源产业国际竞争力的法律政策环境，为企业"走出去"提供服务

信息资源企业在参与国际竞争中，面临着巨大的生存压力。特别是在本国企业在他国开拓市场时，往往受到别国贸易保护主义的干扰。相关数据显示，我国在对华反倾销案中，一半以上的企业占据被动不去应诉，结果即80%的对华反倾销案的败诉。例如华为与中兴在与思科的竞争中，美国国会正是利用反垄断法和知识产权保护法来牵制华为与中兴的发展。美国国际贸易委员会在 2012 年 2 月初宣布对包括华为、中兴在内的国家企业生产的第三代移动通信技术、第四代移动通信技术无线设备发起"337调查"，怀疑这些产品侵犯了美国本土公司的知识产权。[①] 我国企业不应诉的原因在于对世界贸易组织的相关法律不甚了解，对国际惯例和法律不了解，我国也缺少相关的产业保护机制。所以，确立信息资源产业保护机制的法律法规势在必行。

此外，信息资源企业在国际平台互相竞争过程中，更多地涉及知识产权和竞争方面的法律。当今世界，国际竞争力的体现越来越体现为拥有的知识、智慧以及其繁衍出来的知识产品与服务，体现了对知识的拥有能力和水平。面对各国反垄断政策的出台，要想在国际竞争中占领一席之地，我国必然要出台相应的法律法规，为企业"走出去"铺路，保护民族企业的利益，为形成掌握核心技术、拥有自主知识产权的优势产业奠定基础。此外，信息资源易复制、容易产生"搭便车"现象的

---

① BBC：《中国官员称美国发难华为中兴"可笑"》，2013 年 3 月 4 日，见 http://news.xinhuanet.com/cankao/2013-03/04/c_132207409.htm。

性质也决定了我国亟待颁布相关法律法规来对知识产权认定进行规定，以保证产业的顺利发展与对外市场拓展。另外，我国包括《中华人民共和国商标法》、《中华人民共和国专利法》、《中华人民共和国著作权法》在内的涉及知识产权法尚不完善，其中部分法律条款也限制了我国企业信息资源企业参与国际竞争。例如，我国现行《中华人民共和国专利法》规定，如果在国内完成的发明创造想申请国外专利，则必须先通过国内的专利申请，这一规定的限制也就阻碍了我国发明创造抢占国外专利市场的先机。所以，在法律法规制定中要在顺应国际知识产权保护法律法规趋势的前提下，具体依照我国信息资源产业发展的现状和我国经济社会发展的实际需要，按照"积极保护"的方针从战略高度上完善我国知识产权法律法规体系。[1]

第四节　我国信息资源产业结构政策取向的优化设计

　　产业结构政策旨在促进产业结构优化升级，促进产业内部协调发展，其反映的是政策主体对产业发展状况、产业结构的变动状况、产业地位等的把握，并适时对产业机构作出政策调整，使得产业机构符合发展特点和发展需求。

　　目前我国信息资源产业存在两大问题：

　　一是宏观产业结构不合理，信息资源产业在国民经济中的比重偏低。2007 年，我国信息资源产业产值仅占国内生产总值的比重 0.81%，而美国信息资源产业比重超过 4.8%。[2]

　　二是信息资源产业内部结构不合理，传统信息资源产业发展缺乏后劲，而一些科技含量高的新兴产业如高科技电影、动漫、网络游戏、网

---

　　[1]　中国政府网：《中华人民共和国专利法》，2008 年 12 月 28 日，见 http://www.gov.cn/flfg/2008-12/28/content_1189755.htm。

　　[2]　宣小红：《信息资源市场培育初探》，中国文联出版社 2008 年版，第 215—219 页。

络服务等处于起步阶段，产业内部各行业发展失衡。

目前我国信息资源产业结构政策的主要政策取向应该是：在宏观产业机构中提升信息资源产业所占比重；在信息资源产业内部结构中，在维持传统信息资源产业发展的基础上，逐步向新兴信息资源产业进行政策倾斜，加强扶持力度。此外，在落实内外部结构协调的同时，加强对产业内部运行的各个保障要素进行落实，例如信息资源供给、信息资源产权保护、信息资源市场培育等。

一、加大扶持力度，提高信息资源产业在产业结构中的比重

目前我国的产业结构主要由第一、二、三产业组成。产业结构调整主要在于对产业结构的高度化和合理化两方面进行调整，产业结构高度化代表了产业机构由低水准向高水准发展的过程，产业合理化是指产业之间相互作用产生聚合能量，体现了某一产业对其他产业的带动影响作用。由于第一、第二产业更多表现为粗放式、资源消耗式的发展模式，第三产业更多体现为知识密集、低消耗的产业模式，所以第三产业凭借产业的高技术、高密集型、高附加值，体现了高水准发展过程。此外，第三产业的发展能够发挥信息资源、人类知识和智慧、科学技术的作用，在促进资源优化配置的过程中，也带动第一、第二产业的科技化、节能化，对其他两大产业发展有巨大促进作用。信息资源产业在第三产业中是最体现科技、智慧的产业，对其他传统产业有巨大的辐射作用，如果信息资源产业能够得到长足发展，那么三大产业的比例将更为协调，体现更高水准的产业结构。

发达国家的产业结构正日益趋向高度化和合理化，国家的整个经济发展力量后劲足、优势明显。发达国家产业发展的明显优势在于信息资源产业在产业结构中占有较高比重。到 2007 年止，美国家庭的文化消

费占总消费的 30% 左右，信息资源产业产值约占到美国国内生产总值总量的 25%。日本 2006 年信息资源产业市场规模达到 27699 亿日元，并在接下来的几年中市场规模持续扩大。[①]

我国目前的产业结构现状是第一、第二产业比重偏高，第三产业比重明显偏低。与世界上大部分国家相比，第三产业附加值比重偏低，远远落后于世界发达国家水平，甚至都落后于部分发展中国家水平。鉴于信息资源产业的作用，产业结构政策取向应该确定信息资源产业对国民经济、整个产业发展的战略性地位，把"加大信息资源产业比重"作为最主要的产业结构调整举措，加大政府的扶持力度，逐步促进我国整个产业机构的高度化和合理化。

二、优化调整信息资源产业的内部结构，促进信息资源产业协调发展

信息资源产业内部组成体系庞大，由若干个子产业组成。笔者按照信息资源产业的生产流程将信息资源产业具体分为信息采集业、信息加工处理业、信息传输产业、信息服务产业四个门类。由于产业内部之间互相作用、互相依赖、互相影响，所以每个子产业的发展都会对其他子产业的发展进程产生作用力。信息资源产业结构问题最易出现以下几类问题：一是各子产业的分布问题。由于受到市场经济大环境的影响，企业最易在盈利问题上过分盲从。如果在产业发展的某个阶段中，部分子产业呈现出蓬勃发展的态势，子产业盈利规模与日俱增，这一市场信号就会导致部分企业立即改变生产领域，从当前产业中转向发展迅猛的子产业中，长此以往导致产业发展极不均衡，也导致了部分子产业产能过剩的现象。二是各子产业的分工合作问题。各子产业都是围绕生产加工信息产品和服务而展开，但是现阶段我国在信息产品与服务生产标准

---

① 侯亮：《国内外数字内容产业发展现状分析》，《软件导刊》2007 年第 11 期。

化、规范化等问题上还没有完善的政策规定，这就导致子产业不能形成统一的生产标准，也就导致分工合作受阻。在产业内部各企业都自己寻找统一生产标准和规范的企业，在一定程度上造成了对资源的浪费，也不利于整个产业的形成。

所以在政策制定取向上，要注重对信息资源产业内部各子产业加强优化调整，促进各子产业之间的分工协作，促进先进技术、先进经验和理念的共享利用，加强信息资源要素在产业环节中的运行效率，加快产业内部子产业之间的共赢趋势。

三、加大扶持力度，引导资源从产能过剩的产业流向信息资源产业

我国的产能过剩表现在生产能力的总和大于消费能力的总和。传统的产能过剩主要在生产性产业，我国的产能过剩现象主要表现在工业中，最具代表性的就是我国的钢铁产业产能严重过剩。目前，也有部分学者把房地产行业称为是产能过剩的行业。总而言之，产能过剩就是在原材料投入直到产品的产出，远超出了市场的实际需求。产能过剩危害颇多，最直接的就是导致国家社会财富和资源的大量浪费和流失，并且由于产能过剩都来自于政府投资、担保和补贴，只投不收的局面导致政府内部产生大量的死账和坏账，增加了政府财政风险。此外产能过剩也会导致产品积压，失业率上升，从而影响社会稳定。

我国目前工业产能过剩现象严重，钢铁行业、汽车行业等存在严重资源和能力闲置的情况。据国家统计数据库显示，2011年我国制造业的投资额达到102594.09亿元，同比增长31.8%，服务业的投资额为162876.98亿元，同比增长21%，制造业的投资增速远超服务业增速10个百分点。其中，就汽车制造业的投资就达到3513.63亿元，同比增长36%，但是汽车产能比实际需求多出一倍以上，产能过剩现象

严重。①社会的物质资源、能源都是有限的，如果不能达到资源的优化配置，会造成社会财富白白浪费，长此以往将拖垮整个国家的经济。所以，当务之急是引导资源从产能过剩的产业流向急需资源且能实现高产出的产业。

信息资源产业作为第三产业的支柱产业，是一种低能耗、高附加值的产业，对其充分发展完全符合我国经济转型的目标。我国信息资源产业起步相对较晚，需要国家各方面的资源投入，例如信息基础设施的建设、信息资源人才的培养、对信息资源企业的扶持等等。所以可以说，目前信息资源产业是对各方面的资源具有强大吸收能力的产业，资源在产业内部能够顺应信息资源产业本身的特性实现优化配置，并且对投入的每份资源将产生极大的产出。目前信息产品和服务供不应求的态势也预示了其广阔的市场前景。所以，增加对其基础资源的投入是十分必要的。国家的资源是有限的，针对现在二三产业资源分配不协调的现实，国家应该在政策制定上加强扶持力度，引导资源从产能过剩的产业流向信息资源产业。

四、继续扶持传统信息资源产业，保持传统信息资源产业的稳定发展

虽然目前信息资源产业的发展趋势是传统信息资源产业的逐步萎缩与新兴信息资源产业的蓬勃发展，信息资源产业的发展更加依赖于新兴信息资源产业的提升，但是不可否认的是传统信息资源产业在整个产业结构中占有重要的地位。以出版业为例，2009 年全国出版物总销售 159.41 亿（册张份盒），总价值达 1556.95 亿元，与 2008 年相比金额增长 6.90%，出版物印刷工业年销售产值 1127.76 亿元，比 2008 年增

---

① 百度百科:《产能过剩》，2013 年 3 月 14 日，见 http://baike.baidu.com/view/608669.htm。

长 15.44%。出版物印刷厂利润总额为 76.75 亿元，比 2008 年增长 52.89%。图书报纸期刊出口 3437.72 万美元，数量比 2008 年增长 10.39%，但金额下降 1.42%。① 由于传统信息资源目前在整个信息资源产业中仍然占据主导地位，所以为了使得产业稳定发展，必须维持传统信息资源产业继续壮大和发展。

此外，相较于新兴信息资源产业，传统信息资源产业的发展历史比较久远，整个产业链发展成熟度较高，已经对人们的生产生活起到了重大影响。相当大的一部分人由于长期消费传统信息资源产品和服务，有一定的习惯性和依赖性，部分传统信息资源产品和服务甚至在人民生活中达到了不可更替的状态，例如传统的图书、报刊、新闻出版业等，因为传统广播、电视、电影行业所带来的图书购买、报纸杂志阅读、看电视、听广播、去电影院看电影等行为已经成为人们生活中的一个习惯，不可能被其他新兴产品所替代。另外，由于受到年龄、教育程度、地域等带来的数字鸿沟的影响，传统信息资源产业将持续发展。例如对于老年群体而言，其受到学习能力的限制，还只能通过传统信息资源产业来实现自己的信息消费。对于部分老少边穷地区的人们而言，短期将继续提供传统信息资源产业促进信息消费。综合来看，传统信息资源消费所占群众消费群体比例相对较高，还将继续得到发展。所以在产业发展过程中，要继续坚持发展传统信息资源产业，并维持其稳定发展。

五、强化保障条件建设，积极引导新兴信息资源产业健康发展

上文已经提到，信息资源产业的发展趋势就是新兴信息资源产业逐步壮大的过程。也就是说，新兴信息资源产业更能够、也更应该代表信

---

① 新闻出版总署：《二〇〇九年全国新闻出版业基本情况》，2010 年 9 月 8 日，见 http://news.163.com/10/0908/10/6G26029A00014JB5.html。新闻出版总署出版产业发展司：《中国新闻出版统计资料汇编》，中国统计出版社 2010 年版，第 97 页。

息资源产业发展的方向和趋势。所以，在维持传统信息资源产业发展的同时，应该加快步伐促进新兴信息资源产业的健康发展。相比于传统信息资源产业，新兴信息资源产业作为后起之秀，在技术的配备、运行管理机制、营利模式、成本等方面有较大不同。新兴信息资源产业最重要的特点是对网络通讯技术的利用，例如各种数字信息产品，包括游戏、音乐、动漫产业；对数据进行处理的产品，如数据库产业、移动平台的应用软件产业；数字信息出版行业，如数字图书馆、在线新闻、数字学习等；不同于传统传播业的数字传播服务，如数字化电视、电影的制作和发行。新兴信息资源产业是人类知识、智慧的集成，凭借着对移动、数字技术的充分利用，不断增加在人民日常生活工作学习中的比重，甚至在某些领域逐步取代了某些传统信息资源产业。

从目前发展的数据来看，新兴信息资源产业具有较大增值潜力。2004 年到 2008 年间，在规模不断扩大的信息资源产业中，移动内容、网络游戏、数字动漫、数字学习、数字出版等新兴信息资源产业增长迅速。其中，移动内容比重位居第一，为 46%，数字动漫达到 16%，网络游戏、其他网络服务等所占比例也比较大。① 并且在国际上，部分国家的新兴信息资源产业在本国国内生产总值中占据了相当大的比重。日本作为资源贫乏的岛国，在充分挖掘信息资源、发展信息资源产业的道路上成绩显著，据日本一家网络媒体介绍，目前日本动漫产业已经占据整个国家国内生产总值超过十个百分点。② 这充分显示了新兴信息资源发展的巨大潜力。

所以，在信息资源产业结构政策制定取向中，要充分正视新兴信息资源产业的发展潜力，加强各种保障措施，为其发展铺平道路，将新兴信息资源产业作为发展整个产业的主力军。

---

① 梁国越：《论我国政策工具应用背景的优化》，《现代商贸工业》2009 年第 13 期。
② 百度百科：《日本动画产业》，2013 年 2 月 24 日，见 http://baike.baidu.com/view/1526919.htm。

六、强化信息资源建设，提高信息资源供给能力

信息资源产业的发展是基于对信息资源进行产业化运作而形成的，换而言之，信息资源是产业发展的原材料，如果没有原材料的充分供应，则没有产业的顺利运作。虽然当今社会处在信息大爆炸、大泛滥的时期，信息无处不在，无所不有，但是鱼龙混杂的信息带来的只能是严重的信息生态问题，所以要更加重视信息资源建设工作。信息资源的建设是指人们对无序的信息进行选择、采集、组织、传输、开发，使之形成可供利用的信息资源体系的过程。信息资源建设的数量、质量、传输效果、时效性、分类的科学性、可获取性、标准化程度、规范化程度等都对开发利用信息资源起到重要影响作用。因此只有强化对信息资源的建设，才能为信息产品和服务的生产提供原材料，才能使信息资源市场的形成、信息资源产业的形成成为可能。

我国信息资源建设自新中国成立至今，先后经历了起步时期、停滞和恢复时期、发展时期以及 2000 年以后的繁荣时期，发展至今也先后建立了中国教育与科学研究示范网、国家科技图书文献中心、全国文化信息资源共享工程、中国高校人文社会科学文献中心等信息资源建设大项目，为我国信息资源供给提供了良好平台。现今，知识经济的兴起对信息资源供给能力提出了新需求，新环境下主要集中了几方面的问题，具体包括网络建设问题、数据库建设问题、信息资源数字化问题和标准化问题。针对信息资源产业发展而言，将面临信息资源的产业适应问题以及信息资源经济效益提升问题。所以在信息资源采集环节中加强对采集内容、方式针对性的落实，重点发展与信息产品与服务研发利用相一致的信息资源，在信息资源的收集、布局、传递、技术、管理手段等方面都要有相适应的政策得以落实。特别是在加强信息资源的传输能力建设、存储能力建设等，共同提升信息资源的供给能力是极有必要的。

当前的信息资源建设政策落实，要秉承适应产业发展原则、便于获取原则、效益原则等，促进我国信息资源产业的信息资源保障体系建设。

七、鼓励信息消费，扩大良性信息消费需求

没有信息消费就没有信息产品和服务的产生。信息消费是信息生产的直接动力，并且信息消费对扩大内需有直接拉动作用，能加速农业化、工业化的现代化发展进程。具体而言，信息消费具有三大功能：

第一，拉动作用。信息需求和信息产品生产的供需是否平衡直接影响了信息资源产业的发展态势，信息消费越蓬勃，越来越多的企业将投入生产中，从而刺激整个产业的发展。有数据显示，信息消费每增加100亿元，能带动国民经济增长300多亿元。

第二，效益功能。信息消费的效益功能是指通过对信息产品和服务的消费，从而提高消费效率，使得基于相同消费资料的消费获得更佳的效果。信息作为一种特殊形式的生产力要素，通过发散出自身的特点加速对其他要素的整合提升作用，使得其他三产要素有序化、协调化、系统化，从而带动劳动生产率的提升，提高生产和消费效益。

第三，福利功能。信息消费的福利功能是指伴随着对信息产品和服务的消费，人们能在信息需求和生活需要上得到满足，从而获得身心上的愉悦，促进生活质量的不断提高，增进人的幸福满足感。福利功能主要体现在两个方面：一是消费范围和规模的扩大。信息消费能够带动对物质、对能量的充分利用，从而驱使人们创造出更大范围、更大规模的物质财富，也就进一步促进了物质消费范围和规模的扩大。物质消费的扩大又能反过来影响人们对信息产品和服务的进一步消费，从而形成良性循环。二是消费质量的提高。对信息产品和服务的消费，是属于精神层面的消费，体现了人们的精神生活的追求，在消费层次上处于相对较

高的地位。从另外一个方面来看，信息在产品生产活动中作为一种基本的资源，能够在软指标上提升产品的整体层次，例如对产品美观、个性程度、质量等，其以生产消费的形式促进了消费质量的提升。

我国当前整体的信息消费能力还有待提高。相关数据显示，美国的人均信息消费已经达到 3400 美元，而日本也达到了 2400 美元。但是我国人均信息消费仅仅为 190 美元，信息消费能力与部分发达国家还有很大的差距，存在很大的改善空间。① 在改善中需要政府的积极引导和鼓励。另外，信息消费能力的提升对政策有特殊需求。首先，在扩大个人信息消费领域中，制度建设相当重要。由于目前我国的信息消费制度相对落后，虚假信息、"消费陷阱"等现象大量充斥在群众的社会生活中，社会网络诚信机制尚待健全，个人信息安全保护机制也有较大空白，这些因素都直接影响了信息消费者的消费意愿。另外，信息消费结构日新月异，需要政府"看得见的手"的适度协调。在个人信息消费领域，随着网络基础设施的更新，也随之带来了新产品的诞生。例如在人们还在享受第三代移动通信技术网络所搭建的数据产品平台提供的产品和服务过程时，第四代移动通信技术网络已经开始在全国范围内进行覆盖，基于第四代移动通信技术的信息消费产品又将发生改变。信息的消费得到政府的认可与支持，将直接推动该类企业生产的积极性，带动整个产业的发展。

八、加强对知识产权保护，确保企业合法收益

信息资源产业的持续发展与信息资源市场的有序运行，离不开对知识产权的保护。信息产品和服务以信息内容加工为基础，研发成本主要依靠人脑的智慧和创意，研发成本相对较高，企业获利的根本在于追求

---

① 求是理论网：《"两会"给力信息消费鼓舞人心》，2013 年 3 月 8 日，见 http://www.qstheory.cn/lg/rpzm/sh/201303/t20130308_215558.htm。

边际效益的递增，只有当生产出的信息产品和服务随着边际成本的递减，边际效益递增，才能使得企业获得持续受益。但是，由于信息产品和服务具有准公共产品的特性，可供共同使用，并且对其复制传输的成本低，且可以重复利用，这就使得研发成果的保密性差，也就导致了侵犯知识产权行为的大量产生。政府如果不通过法律政策来加强对知识产权的保护，会导致盗版行为猖獗，严重影响到信息资源市场的稳定和安全性，也挫伤了原创者的创造积极性和企业研发生产的积极性，长此以往，信息资源产业发展将停滞。所以，加强对知识产权的保护，是对原创者和生产者最重要的保护。

目前国际上都充分重视对知识产权的保护，特别是实施强有力的政策措施来确保信息资源产业的发展。例如，美国自 1790 年开始就出台了最早的版权保护法，先后还出台了《1831 年版权保护法案》、《1891 年国际版权保护法案》、《1909 年版权保护法案》、《1976 年版权保护法案》、《1992 年版权保护补充法案》，随着美国信息化社会进程的推动，《规避电子盗窃法案》、《网络著作权侵犯责任限定法》、《数字千年版权法》等应运而生。目前美国启动了著作权警报系统，对非法在网上分享音乐、电影或电视的用户发出违反著作权的警告，如果用户获六次警告后仍然不改正其行为，则对其网络速度做变慢处理。美国先后颁布的版权法和施行的保护措施有效保护了本国信息资源企业的根本权利。

但是，我国目前还缺乏一套完整有效的知识产权保护机制，知识产权纷争频发。在十二届全国人大一次会议第三次全体会议上，最高人民法院的工作报告指出，过去五年中国各级法院审结一审知识产权案件 27.8 万件，同比上升 284.2%。① 另外，我国现有部分法律和类似《与

---

①　最高人民法院：《过去 5 年审结一审知识产权案同比升 284.2%》，2013 年 2 月 1 日，见 http://legal.people.com.cn/n/2013/0310/c138502-20737752.html。

贸易有关的知识产权协议》、《伯尔尼公约》等国际知识产权保护法有很多不同，导致企业在国际产权维护中处于被动状态。

　　所以，在政策指定去向上应该加强对知识产权的保护，特别是在现有《著作权法》、《专利法》、《商标法》的基础上，加强对网络信息知识产权、数据库知识产权、多重知识产权等的规定，落实对产权责任者、付费制度、责任与义务等的认定。

第五节　我国信息资源产业技术政策取向的优化设计

　　信息资源产业的技术政策主要调节资源在不同代际间的优化配置，通过政策手段鼓励和支持信息资源产业技术升级和技术创新，鼓励形成多元格局的信息资源科技投入体系，确定市场机制在信息资源产业技术发展中的主导地位，将科技创新有效地转化为生产力，打造高效的信息资源产业技术发展框架，创建一大批科技实力较强、具有国际竞争力的信息资源企业。

　　当前我国信息资源技术发展方面的主要问题是我国信息资源科技投入不足、创新能力不强。许多大型信息资源企业缺乏对产业发展技术瓶颈的科研攻关能力，中小型信息资源企业依然缺乏自己的核心技术，主要靠技术引进完成自己的产品，逐渐沦落为"信息资源代工厂"。而国家创建的重点科研实验室和资金支持重点科研项目不能有效地满足企业和市场的需求，造成了有技术无市场的局面。要解决这些问题，必须要加大政府对文化科技的投入力度，建立多元科技投入主体，增加企业投入在信息资源产业科技投入体系总的比重，提高我国文化企业技术创新能力，充分发挥市场机制，为企业技术创新提供良好的金融和税收环境，加快文化产业的技术升级，促进产业融合和技术资源整合。

一、加大支持和保护力度，鼓励形成多元格局的信息资源科技投入体系

信息资源产业技术的发展，信息资源产业创新力的提升，需要政策的支持和保护。信息资源产业不同于传统的劳动密集型产业，是以知识和技术创新为核心的智力密集型产业，产业知识技术密集、能源消耗少、成长速度快、附加值高，产业的发展以重大科学技术的突破和需求发展为基础。针对信息资源产业的种种特性，我国在制定信息资源产业政策时需要为企业、高校和科研机构的研发项目提供强有力的支持和保护，保障信息资源产业技术创新的物质条件。许多发达国家早已认识到这一点，例如作为信息资源产业强国的美国，就十分重视对信息资源产业技术发展的支持，自 20 世纪 90 年代开始美国政府出台了包括《高性能计算与通信计划》、《国家信息高速公路计划》、《21 世纪信息技术计划》和《网络与信息技术研发计划》等多项国家规划层面的法案，从政策上支持信息资源产业技术的发展。

就科技投入体系而言，国际上有三种基本科技投入模式：国家工业化初期一般采用政府主导的投入模式；当企业力量发展到一定程度时，企业主导型投入模式成为技术研发投入的主要模式；而多元化科技投入模式是指政府和企业科研投入都小于整个科技投入总量的 50% 的投入模式。[①] 我国正在高速完成工业化过程，逐渐脱离工业化初期政府主导的科技投入模式，鼓励形成多元格局的信息资源科技投入体系是我国工业化发展的必然选择，多元化的科技投入体系可以使企业在技术发展上占有一定的主导，有利于科技转化生产力的效率，有利于市场需求与科技研发相结合，有利于将科研力量集中到需求最旺盛的地方。以美国信息技术投入为例，美国在 1996 年已经完成其工业化进程，当年美国的信

---

① 孙劭方：《构建多元化科技投入模式》，《合作经济与科技》2009 年第 12 期。

息技术研发投入为 1843 亿美元，其中仅有 162 亿美元属于政府支出，其余 1681 亿美元均为企业支出。1989 年到 1995 年之间，微软公司每年的技术研究开发投入均占其利润的 30%—50%。[①]

因此，政府应该加大对信息资源产业技术研发的支持和保护，提高我国信息资源技术的研发实力，提高国际竞争实力。同时鼓励多元化信息产业技术投入体系的形成，让技术研发重点能够真正契合市场需求。

二、政府加大对信息资源产业科技发展的投入力度

信息资源产业技术的发展和创新，需要政府的直接投入。由于信息资源产业具有知识技术密集、能源消耗少、成长速度快和产品附加值高等特性，这就决定了信息资源产业技术的发展和创新是产业发展的关键要素，而信息资源产业技术的研发需要大量物质资源的投入，但信息资源企业往往规模有限，没有足够的资源专门供技术研发，特别是对于变革性的重大科学技术创新更缺乏必要的研发实力，所以政府需要直接对信息资源产业的科技发展进行投入。

以美国为例，尽管美国信息资源产业科技投入模式属于企业主导型，但是政府依然在信息资源产业发展过程中对信息技术研发进行投入。由于信息资源产业初期研发成本很高，美国产业部门的超过一半的科研经费都由美国政府提供。奥巴马就任美国总统后表示，美国政府每年将国内生产总值的 3% 投入科研创新领域，在 2009 年投资总额为 7870 亿美元的《2009 年美国复苏与再投资法案》中，15.2% 的投资集中在高新产业的发展，主要用于基础设施建设和信息技术创新。[②] 在政府的研发投入下，美国信息资源产业发展十分迅速，创造了大量经济价值。

---

① 张建波、胡启萍、郭建强：《美国信息产业发展战略对我国的启示与借鉴》，《生产力研究》2008 年第 4 期。

② 刘勇燕、郭丽峰：《美国信息产业政策启示》，《中国科技论坛》2011 年第 5 期。

所以，我国政策应该引导政府加大对信息资源产业科技发展的投入，为技术创新提供良好的物质支持和研究环境，在企业科技投入水平较低的现状下，大力发挥政府的引导作用和强大的资源调控能力，为信息资源产业发展奠定良好的基础。

三、鼓励和支持信息资源企业的技术升级

对信息资源产业这种智力密集型产业而言，信息资源企业的技术水平决定了产业的发展程度和行业的国际竞争力。我国在发展信息资源产业时，必须注重信息资源企业技术实力的提升。由于美国采用企业投入型的科技投入模式，所以美国通过市场机制和鼓励风险投资对信息资源技术企业的投资来鼓励信息资源企业技术的升级，据统计有近50%的风险资本进入信息资源产业及相关产业，造就了苹果、微软、雅虎等一系列优秀的信息资源产业及相关产业企业。

现阶段我国信息资源产业相对发达的地区已经计划采取措施鼓励和支持信息资源企业的技术升级。以深圳市为例，深圳市政府对企业技术升级和改造十分重视，在2013年出台了《加快推进企业技术改造的实施意见》，编制技术改造投资的重点项目计划，组织相关单位实施200个重点技术改造报告，完成技术更新改造项目投资256亿元，增加23家企业技术中心，累计建成市级企业技术中心164家、国家级企业技术中心17家。[1] 通过增加政府技术投资与建立企业技术中心的方式，鼓励和支持信息资源企业的技术升级。

我们可以清楚地看到，信息资源产业技术的发展主要依托于信息资源企业的技术水准，通过采取正确有效的手段，鼓励、支持和引导信息资源企业技术升级，可以直接有效地提升信息资源产业的发展水平和国

---

① RFID中国网：《深圳拟完成更新改造投资256亿重点支持信息技术升级》，2013年2月5日，见 http://www.rfidchina.org/tech/readinfos-75776-396.html。

际竞争力。

四、以市场机制组织社会力量实施科学技术攻关，优先要解决信息资源产业发展所需要的关键技术、前沿技术问题

信息资源产业的发展需要紧密结合市场需求，通过市场机制形成以企业为主导的科技创新模式，重视利用社会力量进行科研攻关。企业对市场需求最为敏感，美国信息资源企业十分重视信息资源产品的市场开发。依据市场需求，结合企业本身的资金与技术能力制定发展战略和计划，由技术研发到具体产品落地应用，每一个创新产品产生过程都与市场需求紧密结合，正是因为这个原因，美国信息产业部门把产品的销售和推广等市场营销工作当作企业运作的重要部分。①

我国"十二五"规划明确指出："要基本形成以企业为主体的产业创新体系，软件业务收入前百家企业的研发投入超过业务收入的10%。拥有自主知识产权的基础软件、业务支撑工具和核心技术取得重大突破，自主发展能力显著提升。技术水平和产业化能力进一步提高，具备主要应用领域安全可靠解决方案的提供和实施能力。基本形成软件和信息技术服务标准体系，各类技术和服务的标准、规范得到普遍推广。"②

所以，以市场机制引导技术发展方向，可以有效地将技术力量用于突破信息资源产业发展中最关键、最前沿的技术瓶颈。以市场机制引导技术力量，即是确立企业和社会力量对技术发展方向的指导地位，将科研项目落实到企业中去，让科研成果体现其经济和社会价值。

① 刘凤勤、徐波、王科理：《我国信息产业技术创新模式与发展对策研究》，《情报科学》2004年第10期。
② 新浪科技：《软件和信息技术服务业"十二五"发展规划（全文）》，2012年4月6日，见 http://tech.sina.com.cn/it/2012-04-06/11116918777.shtml。

五、激励企业进行科技创新，促进科技成果转化为现实生产力

以企业为主导的科技创新是将科技转化为生产力最有效的方式。信息资源产品和技术具有生命周期短、更新换代快、成长速度快的特点，这就决定了信息资源产业企业的技术升级是产业发展和技术创新所在。发达国家信息资源产业发展过程中，企业的科技创新起到了十分关键的作用，如美国的朗讯、英特尔、IBM、摩托罗拉等企业都在发展过程中突破了关键技术瓶颈而使得本国产业迅猛成长。

随着我国信息资源产业的发展，国内许多企业开始或者已经创建了研究院，作为企业技术创新的基地。2013 年初，百度公司创建其首个研究院——深度学习。近年来百度的语音和图像产品的崛起，正是受益于深度学习研究院在相关领域的技术突破。百度的著名产品——百度语音助手的自然语言处理功能正是通过深度神经网络技术实现的。在百度识图技术中，借鉴了认知学中的相关理论基础，探索出了智能算法来寻找图像之间的相似度和关联性。① 百度的这些产品得益于强大的技术优势，成功获得了众多用户。

通过政策手段激励企业进行科技创新，促进科技成果转化为现实生产力无疑是我国信息资源产业发展的重要保证，将科技创新牢牢与信息资源企业和市场需求绑定，不但可以大大发展信息资源产业，还可以培养出一大批优秀的具有极强国际竞争力的信息资源企业。

六、营造有利于企业科技创新的金融环境、税收环境

金融环境是指国家在一定金融体制下和制度下，影响经济主体活动

---

① 李彦宏：《将建首个研究院　技术创新是核心驱动力》，2013 年 1 月 21 日，见 http://tech.qq.com/a/20130121/000155.htm。

的各种要素集合。构建有利于企业科技创新的金融环境是指通过有效的政策手段引导风险资金进入信息资源产业，增强产业活力，从而促进企业科技创新。税收环境是指影响或者决定税收制度产生、运行及其成效的外部因素的总和。税收环境有广义和狭义之分，广义上包括政治法制环境、经济环境、社会环境、生态环境和国际环境等；狭义上的税收环境主要包括体制环境、法制环境、道德环境、经济环境等。信息资源产业发达的国家都通过调整金融环境和税收环境刺激产业的发展。以美国为例，在美国信息资源产业发展初期，美国通过降低长期投资收益税来刺激更多资金进入信息资源产业，甚至为了拓宽风险投资的融资渠道，由国家财政系统专门拨出一笔担保基金，由专门金融机构进行运作。

我国现行政策中也有关于营造有利于企业科技创新的条文，在《进一步鼓励软件产业和集成电路产业发展的若干政策》中明确提出要引导社会资本创立创业投资基金，支持中小型软件企业创业，对符合条件的企业的技术改造项目，中央预算内投资给予一定的支持。[1]

随着市场机制逐渐主导信息资源产业技术发展，政府将不会直接干预企业技术创业，而是采用宏观调控的方法创造适宜信息资源企业发展的环境。因此，营造有利于企业创新的金融环境和税收环境，对信息资源产业技术升级和创新，将成为政府发展信息资源产业的重要方式。

七、营造有利于知识产权保护的环境条件

产权制度是保障创新和激励功能的源泉，知识产权制度作为产权制度体系的一部分，对技术升级和创新有着紧密的联系，是对智力密集型产业活动最直接的创新激励和保障手段。[2] 信息资源产业技术的升级与创新必然需要有利于知识产权保护的环境条件。近五年来，我国最高人

---

① 国务院办公厅：《进一步鼓励软件产业和集成电路产业发展的若干政策》，2011 年 2 月 9 日，见 http://www.gov.cn/zwgk/2011-02/09/content_1800432.htm。

② 范在峰：《论知识产权法律对技术创新的功能》，《科技与法律》2002 年第 4 期。

民法院审理知识产权案件 27.8 万件，同比上升 284.2%，说明我国对知识产权保护的需求急剧上升。[①] 而现状是我国现阶段在知识产权保护上尚有许多欠缺，版权盗用现象随处可见，知识产权的恶劣环境已经成为遏制信息资源产业发展一大瓶颈。

美国在发展信息资源产业时十分重视知识产权的保护，通过设立包括贸易代表署、版权办公室、版权税审查庭等一系列的版权管理机构和行政部门以及推动包括《版权法》、《网络著作权侵犯责任限定法》在内的一系列知识产权保护立法，为信息资源产业创造良好的技术发展环境。

因此，营造有利于知识产权保护的环境条件是必要且紧迫的，要促进信息资源产业技术的发展，就必须从知识产权保护立法开始，逐步对知识产权加以严格保护，让信息资源产业的技术创新及时受到保障和激励。

第六节　我国信息资源产业空间配置政策取向的优化设计

产业空间配置政策是指政策主体根据区位特点和地区分工，根据全国的产业总体布局，充分掌握地区的核心优势并对产业空间内的各方资源进行优化配置，以使其实现资源的优化配置的各种产业政策的综合。我国信息资源产业空间配置政策主要在于调节资源在区域空间的配置。目前，我国信息资源产业发展的地区分布严重失衡，产业地区差距拉大，区域结构有趋同化倾向，具体表现在比较优势和协作效益不明显、重点不突出、重复建设严重、数字鸿沟现象不断扩大，形成愈发严重的

---

① 中国广播网：《最高人民法院五年审结知识产权案件 27.8 万件　同比上升 284.2%》，2013 年 3 月 10 日，见 http://www.cnr.cn/2013zt/2013lh/live/by5/zy1/201303/t20130310_512116362.shtml。

社会不公平。优化产业区域布局政策，对于实现我国信息资源生产力布局，促进信息资源产业区域协调发展，提高我国信息资源产业的整体水平具有重要意义。

一、以更加有效的措施，促进全国各地区信息资源产业的协调发展

受到各地区经济发展、信息技术发展、教育程度等多方面因素的影响，我国数字鸿沟问题客观存在，导致了我国各地区的信息资源产业发展的不协调。各地区在信息资源掌握量、知识人才配备量、信息技术拥有程度等方面存在着较大差异。由于信息资源可以为其他产业发展提供原动力，可以说信息资源产业的发展将对其他产业发展起到极大的影响作用，也是最能提升我国地区乃至全国经济水平发展的最重要的战略产业。如果不加强全国范围内的产业协调发展，则会引发由信息资源产业发展不均衡而带来的新一轮数字鸿沟的出现，并且逐步呈现愈演愈烈的趋势，长此以往不利于我国经济的全面发展。

目前我国在信息资源产业发展的基础条件上，全国各地区呈现出参差不齐的局面。例如，在信息基础设施和技术配备方面，在电话、电脑、互联网接入、宽带普及率方面，中西部明显落后于东部沿海发达地区，各行业的高科技人才也大多聚集到产业发展快的地区，也就导致了东部成为技术更新较快的地区，随之带来的是更富科技含量的信息产品和服务以及不断壮大的产业经济。

所以，必须根据全国各地区信息资源产业发展的基础和潜力，跟进有效的政策保障措施，对各地区的薄弱环节进行加强，发挥各地区比较优势，平等分配基本公共服务，特别是加强政府在规划统一发展、协调全国各地区产业发展的规模、速度、布局，健全全国协调互动机制等方面的作用，促进全国各地区信息资源产业的协调发展。

二、明确我国重点信息资源产业带的划分，形成和发展有区域特色的信息资源产业群，发挥其辐射和带动作用

产业带是形成区域经济发展的特征之一。产业带的形成，是由于企业在发展中受到区位因素的影响，集中向某一优势区位进行集聚，从而形成了城市中的企业集中区。此外，企业在继续发展的过程中不断向外延进行扩散，进而形成了产业带，产业带内的企业类型趋于一致，产生了区域内的产业集聚效应，使得产业得到了发展和壮大。在产业带中，各种资源将会得到更好的配置和利用。从上述产业带形成的地方部分过程中可以看出，产业带的产生源于企业集中所产生的辐射作用，带动了周边企业的聚拢效应，并且继续发挥辐射和带动作用，做大做强整个区域产业。

我国信息资源产业的空间布局，需要形成全国一盘棋的局面，但也更需要有明确核心竞争力的产业带，需要有区域特色的产业群的出现。例如，针对有民族性、历史性、文化性的地区，建议引导形成基于该地区资源的文化内容加工生产企业产业群，并扩大形成产业带，构成区域内核心优势。针对全国范围内各地区优势的不同，重点扶持若干个产业带的发展，例如形成分别有经济优势、人力资源优势、信息通讯技术优势、信息资源优势等的信息资源产业带，重点打造各区域的核心项目，从而促成全国范围的百花齐放的产业发展局面。

三、强化全国统一信息资源大市场的建设，形成统一、开放、竞争、有序的信息资源市场体系

信息资源产业的发展，需要加强全国统一的信息资源大市场建设。首先，信息资源大市场建设有利于充分发挥市场资源配置作用。大市场的创建，也为资源在全国范围内的有效流动提供了条件。上文已经提

到，市场能够通过价格机制、竞争机制等对资源进行优化、合理配置，通过市场供求关系及时调整企业发展的战略和方向，将所拥有的资源配置到最需要的地方，减少了盲目生产、浪费的现象。其次，信息资源大市场建设有利于提升企业生产能力。企业在发展中如果只顾闭门造车，在地方保护主义的环境下安然生存，必定会走向故步自封、产品技术更新不及时、人力素质跟不上的发展道路。一旦缺少了保护，便走向了企业发展的末路。然而，全国统一的信息资源大市场的建设，有利于扩展企业发展的视野，企业将参与到全国更大范围内的竞争，不断增强的危机感将有利于企业不断反思发展战略和规划，不断更新资源和信息技术，也加强对自身员工的业务素质培养，使得自身能在竞争中立于不败之地。再次，信息资源大市场的建设有利于形成良好的市场秩序。全国范围的大市场的建立，将破除地方保护主义，对个别地区的市场竞争秩序有所改善，特别是对垄断现象会有极大改善。另外，企业在参与全国市场竞争中会不断规范自身的行为，共同促进形成统一开放、竞争有序的信息资源市场体系。

全国统一市场的建设在一定程度上不能够完全自行成立，受到利益驱使，会受到地方部分势力、部分企业的抵触，所以需要政府发挥宏观调控的手，利用行政手段、法律手段等加以引导和规范，尽快促进全国信息资源大市场形成。

四、充分发挥各地区在信息资源产业发展中的比较优势和竞争优势，改变产业区域布局同构化、低构化现象，缩小地区差别

各地区在信息资源产业发展中能否取得成就，很大程度上取决于该地区有没有发挥自身的比较优势和竞争优势，而不是随大流在产业中盲从，在没有明确自己实际情况的前提下盲目发展自身所不能支撑的产业，从而造成该地区产业区域布局的同构化现象。产业同构化表现为一个地区产业结构变动中不断趋于相似，各企业都向增值态势迅猛、规模不断增强的产业中集合，虽然能够在短时间内促成该产业的迅速扩大和发展，但是长期下去就会导致产业内部资源的高度集中，资源配置效率降低，最后导致产能过剩，市场供求关系严重失调，并最终阻碍产业的发展。产业布局同构化表现为产业内部企业类型、产品类型等结构简单，呈现单一化的发展态势，也往往表现为一个区域内企业与企业之间没有很好的专业分工，而都在对某一类型的产品进行生产，也将导致资源浪费、产能过剩的局面。

例如，我国安徽省蚌埠市凭借悠久的人文历史和积累的深厚的文化底蕴，特别是蚌埠市双墩文化遗址出土被确认为我国文字重要起源的刻画符号和大禹治水"三过家门不入"的传说都明确了蚌埠市的文化优势。另外，蚌埠市还地处千里淮河与京沪铁路、京沪高铁、京福高铁交汇处，具备特殊的地理优势。蚌埠市政府抓住了这些优势，新建立大禹创意文化产业园，并且在产业园内建设中南海原型，用于拍摄革命纪念题材影视作品。蚌埠市充分发挥了自身的文化、地理优势，创造出了和其他地区不同的产业类型。

所以在政策取向制定上，要重视各地区在信息资源产业发展中的核心竞争力的优势资源的发挥，改变产业区域布局，缩小地区差别。

五、加大扶持力度，鼓励中西部地区优先发展信息资源产业，促进实现跨越式发展

虽然我国中西部地区相较于东部沿海地区，在经济发展、地区建设、文化推进等方面存在着客观差异，但是不能断然认为中西部地区在信息资源产业发展中不能实现赶超，这主要是考虑到信息资源传输的特点和信息资源发展的核心要求。

　　在信息基础设施基本完备的情况下，信息资源的传播不受地理环境、气候条件、交通条件、政治经济文化发展水平而能实现近乎光速的传输，所以意味着不管身处何地，只要提供基本的网络传输环境和信息终端接收设备，就能准确及时收到所需要的信息资源。此外，上文已经多次提到信息资源产业是智力消耗型产业，产业发展是依托知识、智慧、创意、技术的产业，在依靠人脑作用于信息资源而产生的结果，所以，吸引或者培养足够的信息资源人才，将成为当地信息资源产业成功的绝对保障。此外，中西部地区信息资源产业的发展，将对全国一盘棋的整体产业格局优化起到重要作用。因此，鉴于信息资源产业的拉动辐射作用，中西部地区务必在继续落实传统产业发展的前提下，利用发展信息资源产业的契机，加速带动促进其他产业的发展，在跟进东部地区发展脚步过程中，逐步缩小差距，甚至在某些信息资源产业领域将获得跨越式的发展。从长远来看，这也是缩小我国贫富差距、解决地域差异所造成的数字鸿沟的捷径。

　　目前，我国中西部的部分大城市的某些信息资源产业已经初具规模，成为拉动当地经济的一大闪光点。例如，陕西省的软件产业在政府支持引导下，已经形成了西安软件园为核心的软件产业体系和集群。[①]西安软件园是目前国内拥有国际软件双基地的园区之一，园内聚集了1000 多家企业，吸引从业人员 9.8 万人，高新区软件与服务外包产业实现营业收入 583.5 亿元，出口 2.91 亿美元，已经对陕西省的软件产业产生了巨大的集群影响作用。

　　实践证明，中西部地区有在信息资源产业方面实现跨越式发展的潜力，政府需要加强对该地区的政策、平台建设、人才培养、金融等方面进行扶持，通过发展信息资源产业从而带动中西部地区的全面发展。

---

　　① 西安软件园:《西安软件园》，2013 年 3 月 9 日，见 http://www.xasoftpark.com/listzw.jsp?wbtreeid=18482。

六、鼓励和支持各地区根据本地区实际情况，科学选择主导行业，重点给予扶助

由于各地区分布的信息资源各异，信息资源在当地所具备的特性、功能都不尽相同，所以各地生产出的信息产品和服务不可能千篇一律，否则也就失去了信息消费群体个性化信息需求的特点。例如，部分地区所拥有的信息资源独具地域性、历史性和文化性，便为生产富有当地人文特色的信息资源产品和服务提供了条件。除了信息资源具备地域性的特征之外，信息资源产业还受到当地的制度环境、人才配备环境、市场环境等多因素的影响。所以在发展信息资源产业过程中，鼓励根据本地区信息资源所呈现出的不同特性，研发具备当地特色、适合当地市场投放的信息资源产品和服务。

以北京市怀柔区为例，怀柔区抓住了中影生产基地迁址怀柔的契机，发展了以电影业为核心的影视产业区。中国（怀柔）影视基地就是以中影集团电影数字生产基地为核心，将其周边1公里左右范围作为集聚产业发展的核心区，建设国内首个国际化新一代专业功能聚合型国家级影视基地。① 该区从事文化经营活动的企业多达1560多家，逐步建设成为集影视制作、技术研发与服务、展示与传播、影视体验、旅游观光、教育培训、休闲娱乐功能为一体的影视产业区。怀柔区在本身不具备核心优势的情况下，抓住了影视产业发展机会，并把其做强做大，逐渐成为自身发展的核心竞争力，也成为该地区的信息资源的主导行业，从而带动了诸如旅游业等产业的同步发展。其中，中国（怀柔）影视基地管委会在战略规划、制度制定、机制完善、组织沟通落实、资金支持方面都给予了最大限度的支持，使得该地区影视产业基地蓬勃发展。

---

① 百度百科：《中国（怀柔）影视基地》，2013年3月14日，见 http://baike.baidu.com/view/4249188.htm。

所以，政策取向就是要鼓励和支持各地区根据自己的资源禀赋和经济社会发展状况及客观需求，精心选择具有比较优势和发展潜力的行业作为本地区信息资源产业的主导行业，对主导行业实行政策倾斜、重点突破，促进和保障其尽快做大做强，使其形成在全国范围内的竞争力甚至国际竞争力。

七、鼓励发展地区间信息资源产业发展中的横向合作

由于自然因素、历史因素、经济发展水平等存在差异，全国各地区之间在经济发展中存在不平衡，而地区间的产业横向合作就是在此背景下，立足于地区之间的自然禀赋和经济差异，通过增强彼此之间的优势互补，促进地区间差距的缩小，进而带来整个区域的统筹协调发展。地区间的经济合作，横向联合能够使得彼此经济优势互补带来共赢。反过来如果地区间不加强经济合作，会产生经济利益冲突，严重影响区域经济的统筹协调发展。具体到信息资源产业发展而言，加强地区间的横向合作意义如下：首先，加强地区间的产业发展横向合作，能促进优势互补实现共赢。不同地区都具备自己发展信息资源产业的独特优势，也就是说不同地区或许在信息资源提供、经济支撑、人才配备、技术支持、经验积累等一方面或多方面有自身强项。如果能够促成地区之间的产业合作，通过彼此经济支援、技术支援、人才交流等形式进行优势互补，弥补自身产业发展中的弱点，从而促成产业共赢。其次，加强地区间的产业发展横向合作能够促进资源的优化配置。地区之间如果不加强横向交流与合作，各自闭门造车，往往会造成内部产业结构雷同，大规模重复建设的产生，地区之间互相抢夺资源导致恶性竞争，也会引发产能过剩的局面，爆发地区之间的产业冲突。所以，通过横向合作能够使得资本、人才、技术等资源在产业中合理流动，减少资源投入的盲目性，从而达到资源的优化配置。

　　但是，由于客观差异的存在以及利益驱动因素的影响，地区间的产业横向合作面临着一定的风险：首先，合作不充分导致经济冲突、资源冲突等的发生。地区之间的经济、产业发展水平差异是客观存在的，所以导致部分发展较快的地区不愿意促成交流合作。其次，横向合作面临短期行为。产业的互补共赢局面需要长效的持久机制才能产生效果，而在横向交流中会使得部分地区进行短期合作，达到自身合作目的后就退出合作平台。这些现象不利于合作的长久展开和维系，需要加强政府手段来引导合作行为的长久性。

　　所以，政府在产业政策制定中要充分认识到横向合作的利弊以及存在的风险，用宏观调控的手段加强对地区间信息资源产业横向合作的鼓励引导与协同统筹，从而限制区域内的资源争夺、重复建设问题的出现，实现区域合作共赢，最后促成国内产业整体的全面发展。

第六章　信息资源产业政策工具应用的优化

　　产业政策工具是政策主体为实现政策目标而在解决政策问题时所采用的手段和方法途径的统称。在信息资源产业发展中，虽然政策主体为了达到自身的目标应该采取什么样的具体措施以及如何实施这些具体措施很重要，但是选取何种政策工具来解决问题则更加重要。在我国信息资源产业特殊发展的背景下，信息资源产业政策工具的优化应用成为政策体系优化的重要环节。

第一节　政策工具及其主要类型

一、政策工具概述

　　政策是涉及资源和权力的分配以及实现特定的目标所采用的一系列决定和行动，是价值的具体体现。任何一个政策都是由政策目标、手段、结果三个相互影响的要素构成的。其中，人们对政策工具（手段）的研究最早是在社会科学领域开始，并在研究政策目标以及它的实现途径时被提出来的。彼得斯和冯尼斯潘认为政策工具是政府用来推行政策的一种手段以及在政策部署、实施过程中使用的手段和方法。①

　　自 20 世纪中期始，政策工具开始成为西方研究的重点，由于不同

　　① 　B. 盖伊·彼得斯、弗兰斯·K. M. 冯尼斯潘：《公共政策工具：对公共管理工具的评价》，中国人民大学出版社 2001 年版，第 11 页。

学者的理解或是考虑问题的出发角度不同，政策工具也有不同的定义。有的研究者将其定义为"实现目标所采用的方法或手段"或是"解决政策问题所借助的任何事物"等等。不同的研究者根据自己所研究问题的目的将政策工具进行分类，通过不同的角度对其进行阐释。尽管研究者们的观点不尽相同，但都普遍认为政策工具是一种治理性质的政策工具，也可被称为治理工具。

产业政策工具是在解决一系列的政策问题、实现政策目标的过程中产生的政策工具，是联通政策目标和结果之间不可或缺的纽带，如果将政策的目标比作为一个丰盛的晚餐，那么政策工具便是达到目标所需要的食材，没有这些材料是无法达到目标的；其次，产业政策工具仅仅作为一种手段而存在，而不等同于目标本身；此外，在笔者的研究中，政府以及其他主体都可以拥有自己的产业政策工具。所以有效合理地选择、设计利用产业政策工具是实现政策目标的一个有效的基础和前提条件。

然而，产业政策工具作为治理性的工具，没有一种工具是万能的，所有的政策工具都有自身的局限性，在产业政策实践中单纯应用一种政策工具于一项政策中是非常少见的，通常都是根据需要和每种政策工具的功能特点组合应用若干种不同的政策工具，以实现自己的政策目标，也就是说产业政策工具运用往往是相互交织在一起的，一种产业政策工具可以解决不同的政策问题，而一项政策问题的解决同样也可以由不同的产业政策工具来完成。因此，能否有效地组合产业的政策工具就显得尤为重要，而加强政策工具之间协调性、互补性的研究也是信息资源产业政策体系优化的一项重要内容。

二、国外政策工具的分类

政策工具的类型研究是学术界在政策工具研究中成果最为丰硕的领

域。科学的分类，不仅是人们认识事物掌握事物发展特性的保证，更是人们有效驾驭各种工具的基础条件。但是，对政策工具的分类，学者们并没有形成统一的观点，他们对于政策工具的分类有着完全不同的依据和结果。例如萨拉蒙在《政府工具——公共政策工具的实质和分类》一书中就提出了贷款担保、社会管制、直接贷款、拨款、收费、凭券制等十几种政府常用的政策工具。① 而民营化大师萨瓦斯教授在《民营化与公私部门的伙伴关系》一书中将政府的产业政策工具分为政府服务、市场化、契约、自我服务、特许经营、志愿服务等类型。②

瓦当（Evert Vedung）总结出政策工具分类中两派截然不同的观点：其中一派观点认为根据一定的标准可以将政策工具分为几个类别，每种类别的政策工具都有自己的特点；另一派观点则认为政策工具因其多样性，是没有办法进行分类的，即使将其分类，结果也是没有意义的。③但是从方便研究与实践的角度来看，大部分学者支持前者的做法。

20 世纪 60 年代早期，荷兰经济学家科臣（E. S. Kirschen）和他的同事们通过调查研究将政策工具大体分为了 64 种类型。但是这样的分类是笼统的，并没有详细阐述这些工具。库什曼、达尔、林德布洛姆、洛伊等政治科学家依据政策工具是否具有强制性将较为复杂的政策工具分为规制性工具和非规制性工具两类，而莱斯特·萨拉蒙在这个研究的基础上，将政策工具分为规制性工具、非规制性工具、开支性工具和非开支性工具四种类型，从而推动了这种研究的发展。

根据政策工具使用的治理资源，即政府掌握资源的多少，胡德把政策工具大致分为组织型工具、权威型工具、财政型工具、信息型工具四

---

① Lester M. Salamon, Odous V. Elliot, *Tools of Government: A Guide to the New Governance*, Oxford University Press, 2002, p. 21.

② [美] 萨瓦斯:《民营化与公私部门的伙伴关系》，中国人民大学出版社 2002 年版，第 23 页。

③ Maria L. Bemelmans-Videc, Ray C. Rist, Evert Vedung, Carrots, *Sticks and Sermons: Policy Instruments and Their Evalution*, Transaction Publishers, 1998.

种类型。① 根据政策工具最终所达到的目标，麦克唐纳（McDonel）和埃尔莫尔（Elmore）将政策工具分为命令型工具、劝导型工具、能力建设型工具和制度变迁工具四类。② 而加拿大政策学者布鲁斯·德林和理查德·菲德（G. Bruce Dorm and Richard Phidd）则主张根据政策工具的强制性程度对其进行分类，他将政策工具分为"全民所有"式强制程度最高的强制性政策工具和"自律"式强制性最低的自律性政策工具。虽然这样的分类方法也同样面临执行上的困难，但却在政策工具分类体现政府与社会之间的关系的层面上做了奠定性的研究。

此外依据政府的改革，奥斯本和盖布勒将政策工具的具体类型划分为传统型、创新型以及先锋型三大类。狄龙则依据政策工具对政策行动者的作用将政策工具分类为法律工具、经济工具和交流工具，而这三种工具随着时间的推移逐渐演化成了管制性、财政激励以及信息转移三大类政策工具。

三、国内政策工具的分类

通过查阅相关的文献可知，国内对于政策工具的分类研究起步较晚，但学者已有一定的研究成果，例如陈振明教授就曾将政策工具分为工商管理技术、市场化工具和社会化手段三大类。其中，工商管理技术是把企业的管理方式和管理理念都借鉴到公共部门中来，吸取有效经验从而达成政府的政策目标，这方面的内容主要包括战略管理技术、顾客导向技术、绩效管理技术、全面质量管理技术、目标管理技术、杠杆管理技术和企业流程再造技术等。以市场为导向的工具（市场化工具）就是利用市场机制有效地分配资源，提供公共产品和服务，其中包括运

① Michael Howlett, M. Ramesh, *Studying Pubilc Policy*：*Policy Cycles and Policy Subsystems*, Oxford University Press, 1995.

② Eugene Bardach, *The Implementation Game*, MIT Press, 1997；Richard F. Elmore, "Organizational Models of Social Program Implementation", *Public Polciy*, No. 2, 1978.

用私有化、向用户收费、监管和放松管制、外包合同、内部市场、社会手段等来达到目的。社会化手段是政府在互动的基础上，为实现政策目标而提供包括社区治理、志愿者组织、个人与家庭、公共和私营部门伙伴关系等在内的更多的社会资源。①

　　徐程从工具层面、技术层面和制度层面考虑将政策工具分成政治类、经济类、法律类、管理类和其他类。② 王满船在具体分析了政策工具的优点以及局限之后将其分为规制手段、经济手段、宣传教育手段或信息手段。③ 而按照政府介入的程度，张成福将政策工具划分为如下几类：政府部门直接提供财货与服务，政府部门委托其他部门提供、补助或补贴抵用券、经营特许权、政府贩售特定服务、自我协助、志愿服务和市场运作。④ 张璋则将信息资源开发利用与管理的政策工具直接划分成以下六种类型：①管制性政策工具。管制性政策工具的实施主体是政府组织，而实施的对象则是除政府外的社会团体，实施主体使用强迫的方式强制性的要求实施对象提供一些信息资源服务。常见的管制性政策工具主要包括政府的命令、法规、指令性计划以及一些经济或社会方面的管制等。②组织性政策工具。组织性政策工具是指政府或者政府以及机构投资控股管理的机构直接提供信息资源服务。常见的组织性政策工具主要包括政府部门、国有企业等。③信息类政策工具。信息类政策工具同管制性政策工具的实施主体以及对象都一致，但并非强制性的对实施对象采取措施，而是通过改变态度、立场以及知识等方式来吸引实施对象来提供服务，常见的信息类政策工具主要包括行政指导、认证、标签等。④诱因性政策工具。诱因性政策工具是指实施主体通过经济利益

---

　　① 陈振明：《政策科学——公共政策分析导论》，中国人民大学出版社 2003 年版，第148—149 页。
　　② 徐程：《政府工具与政府治理》，厦门大学，2006 年 5 月。
　　③ 王满船：《公共政策制定：择优过程与机制》，中国经济出版社 2004 年版，第 11 页。
　　④ 张成福、党秀云：《公共管理学》，中国人民大学出版社 2001 年版，第 26 页。

诱导的方式让实施对象提供服务，常见的诱因性政策工具主要包括补贴、贷款、税收优惠等。⑤自由市场、志愿组织和自我服务。这种政策工具在使用时政府不会采取任何相关性活动，完全不具有强制性，主要是依靠企业、志愿组织或顾客自我来提供一些信息资源服务。⑥上述五种类型政策工具的各种组合。①

由上述分类可知，学者们都是基于特定的分类标准并于特定的情景下对政策工具进行的大量尝试性分类，这样的分类取得了较大的成果，并无对错之分。但是每一种分类都有自身的局限性，例如学者们对政策工具的分类有的高度抽象没有进行细化的研究，有的却因其过于详尽地描述一些工具的某方面特征而丧失了系统性，有的则概括不全面，而所有的分类中没有一种是划分完整且与其他分类相互排斥等等问题，但这并不意味着这些分类是徒劳的，这些多样的基于不同标准、不同立场划分出的政策工具为我们从不同视角理解政策工具提供了有力的帮助。

当代西方经济学家认为从分类标准来看，政府的基本职能就是提供公共物品和服务。由于信息资源产业的规模效益的管理比较复杂，使得这些物品必须由政府或其他公共部门宏观调控，而随着信息资源产业的发展，企业合作参与的呼声越来越高。由于信息资源产业的外部性和部分非排他性及非竞争性的特征，进而形成了由政府主导，科学引入市场竞争机制的基本格局。基于以上分析我们把政府参与管理信息资源产业的程度作为分类标准，每类信息资源产业工具下按照政府和公众参与程度的高低做了更细致的划分，依据国家干预程度的不断加强，将不同的信息资源产业政策工具放在一条以完全自愿和完全强制为极端的轴上，形成强制性、自愿性和混合性政策工具三大类型。强制性政策工具包括管制、公共企业和直接提供等；自愿性政策工具包括私人市场、自愿型

---

① 张璋：《理性与制度——政府治理工具的选择》，国家行政学院出版社 2006 年版，第 71 页。

组织、家庭和社区以及信息与劝诫等；混合性政策工具包括税收和使用费、产权拍卖、补贴等①（见表6-1）。

表 6-1　政策工具分类

政策工具	私人市场 自愿型组织 家庭和社区 信息与劝诫	税收和使用费 产权拍卖 补贴	直接提供 公共企业 管制
国家干预程度	低	中	高
所属类型	自愿性	混合性	强制性

在我国特定社会历史环境下，上文提到的关于信息资源产业政策工具分类并不能包含所有的政策工具，但是使这些产业政策工具都尽可能具有自身的代表性并且"使每种政策工具都具有可以识别的特征"。②结合信息资源产业的相关案例可知，上文中提到的分类基本上与信息资源产业政策工具现实中的应用相吻合。其中，由于信息和劝诫是信息资源产业政策领域常用的工具之一，与信息资源的联系较为紧密，有效地推动了信息资源产业的发展，在信息资源产业中宣传以及发展都有着不可替代的作用，因此，笔者着重对信息政策工具进行阐述，并将其划分在自愿性政策工具之中。

第二节　信息资源产业政策工具的具体种类

一、强制性信息资源产业政策工具

强制性信息资源产业政策工具是国家促进信息资源产业发展、优化

---

① 迈克尔·豪利特、M. 拉米什：《公共政策研究：政策循环与政策子系统》，生活·读书·新知三联书店 2006 年版，第 121 页。

② Lester M. Salamon, Odous V. Elliot, *Tools of Government*：*A Guide to the New Governance*, Oxford University Press, 2002.

信息资源产业政策体系常用的政策工具。强制性产业政策工具同时也被称作指导性政策工具，是指政策主体借助政府的强制力以及权威，迫使、指导政策相关目标团体以及个人行动的一种工具。强制性信息资源产业政策工具主要体现在它自身的强制性上，所有的团体以及个人必须严格遵守政府提出的要求，否则将会受到相应的惩罚。

与自愿性政策工具、混合性政策工具相比，强制性政策工具更加具有权威性和约束性，是我国常用的信息资源产业政策工具之一。而在信息资源产业中，管制是最常用到的政策工具，因此强制性信息资源产业政策工具也被称为管制类工具，具体种类包括：颁布并实施法律法规；对已有的法律法规进行修订；实行行政许可制度；颁布实施强制性国家标准以及颁布施行强制性行政命令、行政措施等。

（一）颁布并实施法律法规

国家的政府机构是颁布并实施法律法规的主体，主要是用来强调说明国家政府机构在信息资源产业政策中的态度，调整与信息资源产业相关的社会关系，并在颁布实施法律法规的过程中明确指出与信息资源产业相关的社会成员的权利等。但目前我国信息资源产业的相关法律法规并不完善，没有相应的部门以及权威性的法律来引导支撑整个信息资源产业的发展，有的只是一些不太完善的地方法令及通知等，一旦立法的所有条件都满足，并且有足够的资源，我们应该立刻颁布实施。例如在2001年12月我国颁布的《计算机软件保护条例》中就明确规定若在软件的使用过程中存在未经作者同意私自修改、翻译、登记软件等相关的侵权行为的，应当根据实际情况承担相应的责任，例如赔礼道歉、赔偿损失等。

（二）对已有的法律法规进行修订

在信息资源产业高速发展的时代，信息资源产业中价格的制定、产权所有等问题都涉及了相关的法律例如产权法等问题。若想要使得整个信息资源产业的资源都处于国家的掌控之下，促进信息资源产业的发展，完善相关的法律法规是必需的，此外还应该建立相互匹配的各种法律制度，并及时修订现有的法律法规。在修订现有法律法规的过程中，应当借鉴国外成功的经验，去除他国法律中所存在的弊端，并在引进的过程中与我国的环境相适应，建立适合中国国情的法律法规，例如及时修订产权法中的相关内容，鼓励创新，保护首创者的合法权益，对信息资源产业相关的资源的利用加以限制。但是随着信息社会的高速发展，笔者认为我国应当明确网络资源的使用以及编辑情况，允许合理地正当引用、下载，而不是一味地禁止使用，合理合法的信息资源产业知识产权的让步可以促进信息资源的传播，有利于信息资源产业的发展，应当受到国家的鼓励。

（三）实行行政许可制度

许可制度是指行政机关根据公民、法人和社会组织的申请，经依法审查后准予其从事特定活动的行政行为，它的实施针对的层面主要是国家的自然垄断，它的操作主体仍然是政府。行政许可主要是向公民、法人和社会组织赋予权利，是对行政机关相关权力的一种限制，是信息资源产业中常用的强制性政策工具。在信息资源产业的管理过程中应用这一治理性政策工具，也意味着政府根据相关的法律及许可事项，实施自身的权力，并对社会团体、法人以及公民的合法权利给予保护，与此同时依照法律禁止、杜绝不被许可行为的发生。按照《中华人民共和国行政许可法》的第二十八条相关规定，在具体实施行政许可制度的过程中，不仅仅是政府，其他社会团体同样也可以依法参与到执行的过程中，但是必须承担相应的法律责任。在1998年9月公布实施的《信息产业部关于计算机信息网络国际联网业务实行经营许可证制度有关问题的通知》中明确规定电信与信息服务市场的有序进行都依赖于信息产业部的监管活动，信息产业部要对其实施经营许可制度并审批、发放经营许可证；国务院 1999 年 9 月公布实施的《卫星网络空间电台管理规定》中设定了卫星轨道和频率资源实行许可制度，规定卫星轨道和频率归国家所有；在 2006 年 2 月公布实施的《信息产业部关于调整中国互联网络域名体系的公告》中规定国家对中国互联网络域名体系实行许可制度，以上这些领域的许可制度都是由国家参与的。这些都是在信息资源产业中对这一政府管制工具应用的体现。此外，我们应该清楚行政许可必须是依照法律而设定的制度，它的执行应当在法律所规定的范围内。

（四）颁布实施强制性国家标准

根据我国规定，国家所颁布的国家标准是我国所有公民、社会团体、企业等生产活动所必须遵循的标准。根据 1988 年 12 月公布的《中华人民共和国标准化法》中的规定，所有的产品都有自身所执行的标准，不满足强制性标准的物品是不能被生产销售的，而推荐性的标准国家则鼓励企业自愿采用。生产、销售、进口不符合强制性标准的产品的应当受到相应的法律制裁，情节较轻的由工商行政管理部门没收产品和违法所得，并处罚款，造成严重后果构成犯罪的对直接责任人员依法追究刑事责任。

在信息资源产业实施相关的强制性国家标准，最常见的是对信息资源产业有决定性影响的信息服务以及产品的参数、功能指标等方面的规定。我国也颁布了多个在信息资源产业中实施执行的国家标准，例如由国家颁布的地面数字电视传输标准只是一个传输的标准、通信设备清晰度国家标准等。关于信息资源产业中所设计的具体领域，国际上已存在多个标准，但是我们不能照搬照用，国家标准必须结合中国的实际情况，中国地域广大，东西部发展不平衡，地形非常复杂，单用一种手段，或者单一照搬国外的标准，无法满足我国发展信息资源产业要求。

（五）颁布实施强制性命令、行政措施

这项条例的主要实施对象是相关的社会团体以及公民，他们必须遵守相对应的行为规范，但是对行为限制的时间期限较短。而在信息资源产业，颁布实施强制性命令、行政措施大多数是对信息资源产业中的一些行为根据相关法律提出禁止性的规范和其他措施，例如对信息资源产业中一些错误行为的通报，并出台相关文献进行矫正。由于颁布实施强制性命令、行政措施的监督成本较高，且需耗费大量人力物力财力来进行调查研究，在信息资源产业中很少使用这种工具来解决问题。

（六）放宽非公有的资本市场准入

放宽非公有的资本市场准入也是常用的政策工具，如 2005 年 4 月国务院的相关文件的颁布鼓励了非公有的资本加入国家的行列中，这都体现了这项信息资源产业政策工具的重要性。

（七）投资管制和价格管制

投资管制具体表现为政府放宽了资本投资的相关领域，如 2004 年 7 月国务院颁布了《国务院关于投资体制改革的决定》来鼓励团体组织等来进行投资，使社会上的资本能够参与到经营性的信息资源产业的建设。

价格管制主要表现在以下两个方面：一是实行政府定价，例如 1997 年 12 月第八届全国人民代表大会常务委员会第二十九次会议通过《中华人民共和国价格法》，其中规定重要的信息资源产业方面价格应当由政府进行指导，最终由政府决定产品的相关价格。因此，在垄断的行业实施政府定价可以打破由市场运作所产生的不公行为，例如对邮政、电信、电视等行业都是使用强制性产业政策工具。如 2003 年 7 月信息产业部关于铁通公司集成电路卡及有人值守等公用电话国际长途电话资费标准的批复中规定基础业务资费实行政府定价、政府指导价，根据成本来规定价格，使得电话服务的价格在合理的范围之内。二是收费的相关行为应该规范。例如 2007 年 4 月国务院发布实施的《中华人民共和国政府信息公开条例》中明确指出我国政府应当主动为企业团体以及个人提供政府相关信息，积极推动信息资源产业的发展并提供其发展所需的信息资源。政府管制的使用在信息资源产业中取得很明显的成果，它所需的信息相对较少，保证了信息资源产业的稳定性，实施和管理起来没有难度，维护了消费者和社会公共利益，并且成本不高。但同时政府管制也不是万能的，存在它自身的局限性。政府定价和收费项目审批管理是促进信息资源产业有序发展的政策工具。由于价格管理的基础是对成本上的补偿，所以使得成本越大价格就越高，无法产生一种刺激人们提高生产力并降低成本的动力，消费者也因价格过高而无法享受自己的利益。

（八）建立国有企业组织

信息资源产业中另外一种常用的政策工具便是国有企业，国有企业的使用同样也得借助于政府允许被我国垄断信息资源产业中拥有国有资产介入，这样才能有足够的资金投资建立国有企业，进行开发利用。例如为满足用户通信及信息服务需求由国家投资建设的中国移动、网通、铁通、联通以及电信五家大型基础电信企业。作为信息资源产业政策工具的国有企业往往是由政府出资支持的，并且在电信、互联网、卫星等自然垄断领域取得了很高的效率，而行业的利润也能较快被用来支持信息资源产业的发展。然而，由于国有企业的垄断，政府的投入成本便只能由消费者来承担，这样又对消费者是不公平的。2007年8月第十届全国人民代表大会常务委员会第二十九次会议通过《中华人民共和国反垄断法》便是为保护消费者以及社会公共的利益而制定颁布的一项法律。

二、自愿性信息资源产业政策工具

自愿性信息资源产业政策工具完全在社会群体自愿提供的基础上完成预定的任务，它没有或很少有政府参与，在信息资源产业中应用则主要包括私人市场、自愿型组织、家庭和社区等，它从本质上来讲是一种没有强制性约束的协议。在信息资源产业方面，最常用到的一种政策工具是信息传播和规劝，信息传播和规劝是指政府向个人和公司提供信息资源产业方面信息并希望和要求人们作出一些政府期许的行为。这是一种民主的手段，不具有强制性，公民以及社会团体不具有对相关问题作出必要回应的义务，信息传播力求可以改变人们的偏好和行动以有效减少其他自愿性工具的使用。笔者将它分为具体的种类来进行阐述。

自愿性信息资源产业政策工具的具体种类主要包括：

（一）自愿型组织

自愿型组织也被称为是志愿者组织，即非政府强迫成立也不以赚取利润为目的的组织。自愿型组织降低了对政府的需求，能够快速地采取行动来解决相关问题，是一项公平的政策工具，对促进社区的建设、精神上满足都有积极的促进作用，如国务院1998年10月发布的《社会团体登记管理条例》中都明确规定说明组织不能赚取相关的利益。此外2004年3月实施的《基金会管理条例》也提到了这点。这种组织形式也是政府引导和鼓励企业、公众加入信息资源产业的一种公平的信息资源产业政策工具，成本较低，但是不能满足整个社会的信息资源产业，会使信息资源产业的供给不足。

（二）信息服务平台

以信息发布、信息交流、信息指导等方式建立信息资源产业的服务平台。在信息资源产业的发展过程中面对着各种各样的问题，信息资源产业是新兴产业，它的建设成本相对较高，而对信息资源产业的研究也应当由传统的、封闭式的方式向现代的、开发式的方式转变。因此信息资源产业的信息服务平台的建立就显得尤为重要，例如文化产业集群数字化公共服务平台的建设等。新型的网络是一种较快的传播媒介，为了促进信息资源产业的快速发展以及成果的共享，可以创建信息资源产业信息服务平台。

首先，信息服务平台应该注重的是信息的发布。应当由政府创建专业的网站发布信息资源产业的相关信息，让群众了解更多关于国内信息资源产业的情况。其次，我们应当有适当的信息交流，政府可以通过有效的开放性信息平台提供关于信息资源产业的信息，向全国各地区甚至是世界各地展示项目成果，这样有利于平台信息的更新以及平台的发展。最后，政府应当根据我国信息资源产业的发展近况以及发展的实际需求来进行必要的信息指导。在指导的过程中必须要选取有特点的关键问题来进行重点研究，并及时作出信息资源产业发展的情况报告。

（三）信息宣传

信息宣传指的是我国政府机构通过传统的宣传媒介，如报纸、电视以及新型的宣传媒介如互联网等多样的形式向社会各界宣传信息资源产业的相关政策、内容以及体系，使得大家能更多地了解信息资源产业。在信息资源产业的信息宣传方面，欧盟各国已经取得了很大的成就，为了提高欧盟各国的社会团体以及公民个人对信息资源产业的认识，欧盟成员国做了大量的信息宣传，增加了对信息宣传的重视程度。我国应当学习国外项目成功的经验，充分利用信息宣传这一政策工具，促进各个社会团体以及公民个人参与到信息资源产业的建设中，在全国的范围内发展信息资源产业。

（四）不宣传和批评性宣传

可以通过限制"不宣传"和"批评性宣传"范围的办法，禁止官方媒体，严禁其他多种媒体对任何不符合数字信息长久保存要求的产品和服务的推广，加强对打破数字资源长久保存规律的各种行为的批评性宣传。这同时能从另外一个角度实现正面信息宣传的效果，体现国家的核心价值观，推进有利于数字资源长久保存的思想观念和意识，并以正确方式有效地阻止错误思想、错误方式与手段的传播。

（五）颁发推行推荐性国家标准

国家推荐性标准在规定的范围内是必须被执行的，排除这种情况，推荐性标准都不具有强制性，是国家鼓励社会团体以及公民个人自愿采取的一项标准，它比其他政策工具更能鼓励大家的参与，且其成本较低，主要是靠利益来产生对社会各界的吸引力，因此，只要利益得当并获得社会各界对其所能带来的经济效益的认可，那么颁布推行推荐性国家标准所产生的效果都优于其他类型的信息资源产业政策工具。在中国特定的环境内，基本上所颁布的国家标准都是推荐性国家标准。例如2002年7月颁布的《振兴软件产业行动纲要（2002年至2005年）》规定政府采购应当采购本国的软件产品和服务，这是规劝公众的一种自愿性信息资源产业政策工具，并不涉及强制性的奖惩，同时也可以向公众传播有利的信息。信息传播和规劝的成本不高，信息传播和规劝成功实施的前提是人们都可以通过获取待解决问题的相关知识或信息来作出正确的抉择，并可以通过这种方式改变自身的偏好和行动。信息传播和规劝的使用不具有强制性并且不能非常有效地转变公众的行为习惯，但是却增加了政策目标对象的必要知识。

在信息资源产业方面，我国应当更多地颁发推行推荐性标准，使更低的成本达到更高的效率。国家在推行信息资源产业的发展时，要考虑到那些统一的可能被执行的事物概念作为推荐性标准，换言之，信息资源产业在发展过程中所必需的各种各样的关系都可以通过利用这项信息资源产业政策工具来进行解决。

（六）颁发指南

指南泛指由政府治理主体为了解决问题达到政策目标而对社会公布的信息，是对信息资源产业推介管理和技术路线的指导性文件，目的是引导社会的整体方向。在信息资源产业的治理过程中，该工具多数用于向社会各界提供发展方向。颁发指南这类政策工具是没有强制性的，更没有对那些不遵守者的惩罚措施，是一种软性的自愿性信息资源产业政策工具。

（七）推介最佳实践

推介最佳实践指的是政府治理机构依靠汇总相关社会团体成功的发展经验和工作思路，向社会各界表达自身的价值取向，并向社会各界提供有价值的技术、管理解决方案。这一政策工具的执行花费不多，有很强的适用性和针对性，所以有很好的治理效果。在信息资源产业政策中，有良好的应用方向，尤其是在相关技术领域发展不成熟并且在需要解决的问题所涉及的社会关系较为复杂、难以处理的情况下，可以使用这项政策工具检测相关认识从而选出适当高效的方法达到相关的政策目标。与此同时，该政策工具的使用还能有效地错开政府部门在不经意对落后但习惯的事物所做出的保护行为，有助于引导社会各界根据自有的实际状况高效地解决问题、达到目标。

（八）公布排行榜

公布排行榜是政府机构中的非营利组织对信息资源产业社会事务进行全面的评估之后公布评估的等级性结论的过程。这种政策工具应用于信息资源产业问题的解决中，可以引导社会团体组织等正确的价值观以及鼓励他们的行为，从而促进信息资源产业的发展。

（九）进行相关产品和服务提供生产指导和消费指导

同公布排行榜的实施主体相同，提供生产指导和消费指导的主体也是具有良好评价的非营利机构，实事求是、全面客观地向社会各界推荐有利于信息资源产业发展的产品和服务。该政策工具可以公平地指导消费者进行选择，有利于正确地引导我国信息资源产业的发展方向，是一项公平的、成本相对较低的信息资源产业政策工具。

三、混合性信息资源产业政策工具

混合性信息资源产业政策工具综合了强制性和自愿性信息资源产业

政策工具的特征和优点，它允许我国政府在一定程度上对介入目标团体或企业所作出的决策，但最终的决策权仍然是目标团体或企业等私人部门，包括开创基金、项目以及奖励基金、财政专项补贴、项目委托合同、产权拍卖等在内的工具组成了混合性信息资源产业政策工具。

混合性信息资源产业政策工具的具体形式主要包括以下几种：

（一）开创基金

开创基金是为了促进信息资源产业发展专门由政府预算安排的专项资金，是专门用于信息资源产业的一项基金。为了充分发挥信息产业发展资金的作用就要求我们在实施过程中要坚持三公原则并且要做到择优使用和专款专用，此外，专家评估论证的运用要以体现政府导向支持为前提。

在国外已经建立健全的基金体系，例如韩国、日本等国家都开创了有利于信息资源产业发展的基金。参考国外专项基金的成功案例，我国在信息资源产业各个方面都先后设立开创了高技术产业化电子专项基金、高技术产业化信息安全专项基金等专门的基金以支持信息资源产业的发展。国外的基金管理已经形成了优良的发展模式，我们应该借鉴国外的成功经验，结合我国国情促进信息资源产业的发展。项目基金的基本来源是国家政府的财政资助，也可以是其他形式，如社会各界的捐赠，我们应该鼓励企业、团体以及个人的捐赠行为，他们应当享受相应的免税政策。基金资助的对象主要是那些符合资助条件的信息资源产业项目，资助的金额也可以是全部或是部分，这都是根据所资助项目的需求来决定的。此外，基金也可以用来鼓励信息资源产业发展良好的机构，以起到带头作用，鼓励其他相关产业的发展。并且各级信息产业主管部门要积极协调并解决好项目实施中所产生的各种问题并向相关组织汇报项目的进程，做好监督管理工作，保证项目顺利进行并按期完成。

（二）项目基金

促进产业发展的项目基金是一种由政府为主导的官方或半官方的资金支持形式，在我国的财政支出中存在科研方面、建设方面等多种类型的项目基金。这些政府的财政支出大力支持了各个行业的发展。而在信息资源产业方面，例如《山东省信息产业发展专项资金管理暂行办法》便是为了加快山东省信息产业发展，根据国家要求所设立的山东省信息产业发展专项资金（以下简称信息产业发展资金）。信息产业发展资金用于支持集成电路、计算机与软件、通信、数字音视频、新型元器件、新型电子材料等领域的新技术、新产品的开发与生产发展。被资助的项目应当符合国家信息产业政策以及山东省信息产业发展规划。此外，要对研发我国自身的技术有推动性、促进产业升级，提高竞争力；有利于推动科技成果转化、产学研联合、产业化，培植新的经济增长点；有利于引进技术消化吸收创新；有利于改善科研条件、提高创新能力等。被基金扶持的对象包括独立法人资格的单位以及那些科研人员。

设立信息资源产业的项目基金可以有效地鼓励各个社会团体以及公民个人申请一定数目、比例的政府资金，并将这部分资金用于信息资源产业的发展。

（三）奖励基金

我国的奖励基金制度发展相对较为成熟，从党中央到各级政府再到各地单位、社会团体、企业、公民个人都成立了各种各样的奖励基金来肯定他们所取得的成绩，这从根本上也促进了信息资源产业的发展。我们应当加大力度来设立这项基金，设立专项的奖励基金，对为信息资源产业发展作出贡献的社会团体以及个人设置物质奖励，而对于那些阻碍或是危害信息资源产业行为的团体、个人予以相应的限制活动，不能获得设立的专项基金，也不许获得国家的专项资金。

（四）财政专项

财政专项是由财政专项资金支持的国家项目，指的是高一级的行政机关拨付本行政区域和本级人民政府的，它的应用范围较广，主要包括信息资源产业的管理、信息资源产业的发展、保障、建设以及政策补贴等。这种资金在使用的过程中只能用于专门的项目，并且资金的数目并不高，对那些有资金困难的社会团体以及项目有应急性的补偿作用，因此核算要单独进行并且不能被挪作他用。在信息资源产业中使用这一政策工具应当学习在农业等行业的成功案例，将信息资源产业的发展列入财政专项的内容之中，而那些阻碍信息资源产业发展以及破坏产业进行建设的行为则不应当受到财政专项的支持。此外，我国各级的资金管理部门应当妥善管理财政专项的资金，努力做到公开化、透明化，学习农业方面的成功经验，发挥出财政专项资金对信息资源产业发展、对信息资源产业政策体系优化的推动作用，明确财政专项资金所资助的重点范围，应当集中在信息资源产业方面技术以及系统的开发上，在申请项目以及审查项目的相关文件中指明不属于信息资源产业方面的技术以及系统都不能获得财政专项资金。

（五）补贴

信息资源产业补贴是指政府或政府指定的机构赋予个人、企业和其他社会组织的包括拨款、低息贷款、税收减免和担保等各种形式的一定数量的财政转移，它针对的是信息资源产业的主体项目，政府这样做的目标是希望得到补贴的个人、企业或其他社会组织可以采取政府所希望发生的行为，这种政策工具通常容易确定实施，是一种较为灵活的信息资源产业政策工具。

在使用财政补贴的过程中应当掌控好财政补贴金额的高低。过高过低都会造成各种各样的问题。比如，在信息资源产业的发展中补贴的金额如果过高，就会出现很多的机构参与到信息资源产业的建设中，并由于政府机构提供的金额过高、条件过优而导致效率过低。反之，倘若在补贴的金额过低的情况下，所参与的机构会大大减少，从而不利于信息资源产业政策体系的优化。所以政府在确认财政补贴的金额之前应当收集信息资源产业相关机构的信息，这将优化财政补贴的分配状况。

在我国，政府机关给予信息资源产业相关的项目一定的税收减免。税收是一种法律上规定的强制性支付方式，是自个人或者公司向政府的一种支付行为，主要目的是增加政府开支的财改资源，它同时是公众消费公共物品时所支付的价格。① 税收减免，是在特定的时期、特定的要求下减轻或免除信息资源产业发展中的某些特殊情况下的税收负担。税收优惠的重要形式之一便是税收减免，即对纳税人应纳税款给予部分减少或全部免除的优惠措施。税收减免已在信息资源产业有所应用，例如在 2004 年 10 月颁布的《财政部、海关总署、国家税务总局、信息产业部关于线宽小于 0.8 微米（含）集成电路企业进口自用生产性原材料、消耗品享受税收优惠政策的通知》中便规定了符合一定条件的产品在征收税费时要适当地给予减免政策。同财政补贴相似，税收减免也一样对信息资源产业提供经济上直接或是间接的支持，如果税收减免政策工具能被合理地运用，那么这项政策工具将会对信息资源产业专业技术的研发以及相关项目的发展起到引导作用，从而促进信息资源的发展。然而税收减免政策工具也有自身的缺陷，虽然税收减免问题在相关的税收法律上有了明确的规定，但税收减免的分散性太高，这将会使得在实际的应用中产生不严格性以及宽严失度等相关问题，这都将阻碍信息资源产业的发展。

低息贷款是我国政府解决信息资源产业问题常用的混合性政策工具之一，即政府对信息资源产业相关的项目提供无息或低息贷款。低息贷款可以相应地减少政府的资金压力，同时可以激励信息资源产业的发展，可以为各个社会团体减少后顾之忧。政府贷款也被称为低息贷款，分为以下两种形式：一是直接贷款即由政府机关直接向信息资源产业有

① 韩丽华、潘明星：《政府经济学》，中国人民大学出版社 2003 年版，第 102 页。

关的项目提供若干数目的现金；二是贷款担保即指银行在为符合一定条件的信息资源产业的有关项目在发放贷款时，政府向他们提供担保，以保障贷款债权实现的法律行为。贷款担保要求政府也必须承担信息资源产业担保对象偿付贷款的连带责任，而并不需要政府向信息资源产业相关项目直接支付金钱。在我国信息资源产业的发展过程中，政府同样允许发展较好的企业向中小型企业实施减息贷款。例如在互联网行业，国内最早开始推出信贷业务的公司是阿里巴巴，与银行合作，建立自己相应的体系来向中小型企业实施低息贷款。这样的贷款活动同时能增加自身行业的发展。减息贷款作为政府支持信息资源产业的一项经济类工具，可以为信息资源产业提供发展所需要的资金，从而促进、带动整个行业的发展。

（六）项目委托合同

对于政府负责的信息资源产业相关项目，政府机关可以合同的方式委托给社会团体等来负责项目运行，这样可以使得其从事信息资源产业的能力逐渐增强。由于信息资源产业是一个智力密集型的产业，它的发展依赖于大量跨学科以及跨领域的专业型人才，因此要想发展信息资源产业并解决信息资源产业存在的各种技术、来源、信息弱化等相关问题，政府可以将相关的问题委托给相关技术开发单位以及社会团体来完成相关难题的攻克。政府与社会团体等组织的相关项目委托都是通过合同的方式进行的。

在我国，项目委托合同这一治理的应用已经有了一定进展，例如产业园的信息建设委托合同、信息产业技术开发委托合同等等，在政府将信息资源产业相关项目交给社会团体时，应当优先考虑公益性的组织，这样能大力发展公益性组织发展信息资源产业的能力。此外，在委托对象的选择上，应该注意选取的公平性以及项目的可完成性，同时避免引起其他社会团体的意见。

（七）其他

其他常用的混合性信息资源产业政策工具主要包括产权拍卖和使用者付费。产权拍卖主要是针对不存在市场的公共物品和服务领域创造了一种市场，并将竞争引入公共物品和服务的一种灵活的政策工具。

补贴、税收与使用者付费等信息资源产业政策工具的使用一方面促进了信息资源产业的有序发展，同时作为价格的有效补充对形成合理的价格机制有很大的帮助。另一方面，补贴能够鼓励信息资源产业的创新，但因为收集相关信息的成本过高，使得运用起来缺乏效益，而税收和使用者付费都比较容易确立，可以向信息资源产业提供财政激励，但是税收和使用者付费不能改变很准确地确立，需要大量的信息提供技术性支持，由于它是依据支付能力而不是需要来配置资源，因而在实践进程中可能被耽误，而那些真正需要以及那些支付能力不足的人可能会不能很好地参与进来，正因为这个原因，它容易遭到人们强烈的反对，不能处理危机性的事件。总体而言，这是一种不公平的信息资源产业政策工具。[1]

第三节　信息资源产业政策工具的适用范围

一、强制性信息资源产业政策工具的利弊分析

强制性工具的运用较为灵活，这也是政府预防和制止信息资源产业垄断的一种信息资源产业政策工具。但对于目标群体来说，强制性工具所给予的自由度太低，不能自由抉择，是有一定局限性的政策工具。

强制性信息资源产业政策工具相对于其他政策工具的优势主要是：①直接性强，施行以及管理过程比较容易，针对性强、成本低、比其他工具更加节约时间且不存在不确定性；②有效性强，因为通常有公共权

---

　　[1]　李蓉：《我国信息资源公益性开发利用的公共政策工具分析》，《情报科学》2008 年第6 期。

力作为后盾，可以产生受法律保护的严格约束力；③公平程度比较高，在获得相对公平平等政策结果方面，有合法性保障。

　　强制性信息资源产业政策工具的不足之处也比较明显：①效率不高、效果不明显。这类政策工具的有效性是建立在对相关群体作出强行执行的统一要求的基础上，但每一个社会群体和每一个个人之间都是千差万别的，绝对一刀切的统一要求，适应性较差，通常不易于实施。②政策成本较高。这类政策工具的使用，需要必要的强制力保障，而建立强制力是需要耗费巨大的人力、物力、财力、时间和机会成本的。③易诱发腐败行为。世界各国的经验表明，只要存在以公共权力为后盾的强制力，以滥用公共权力为特征的腐败问题就有可能产生。如果不能对公共权力的使用进行有效限制，强制性政策工具的使用就有可能成为腐败的土壤。

　　强制性信息资源产业政策工具因具以上特点，其通常主要被应用在如下情况下：①宣示国家在信息资源产业发展方面的价值观，调整与该问题相关的基本社会关系，明确与该问题相关的社会组织和社会成员的权利、利益、责任。②政府依法设定和实施相关的行政许可事项，赋予并有效维护社会组织和个人的合法权利，同时依法禁绝或抑制"不许可"行为的发生。例如在2006年2月公布实施的《信息产业部关于调整中国互联网络域名体系的公告》中规定国家对中国互联网络域名体系实行许可制度，以上这些领域的许可制度都是由国家参与的。③颁布保障人体健康，人身、财产安全的标准，以及法律、行政法规规定强制执行的标准。2007年8月30日第十届全国人民代表大会常务委员会第二十九次会议通过《中华人民共和国反垄断法》便是为维护消费者以及社会公共利益而制定颁布的一项相关法律，这项公共政策工具的颁布也是预防和制止信息资源产业垄断情况的发生。④针对信息资源产业发展中存在的问题，颁行的强制性行政命令和限制措施，而且大都是行政管理对人相关的行为依法提出禁止性规范和其他各种治理措施。2003 年 7 月信息产业部关于铁通公司集成电路卡及有人值守等公用电话国际长途电话资费标准的批复中规定基础业务资费实行政府定价、政府指导价，根据成本来规定价格，使得电话服务的价格在合理的范围之内。

总体来说，强制性工具的运用较为灵活，但对于目标群体来说，强制性工具所给予的自由度太低，不能自由抉择，是有一定局限性的政策工具。

二、自愿性信息资源产业政策工具的利弊分析

自愿性信息资源产业政策工具的主要优点是：①在自愿性政策工具的运用过程中相关的企业为政府分担了更多的责任，积极地调动了社会的积极性，有利于信息资源产业的发展。②自愿性政策工具具有较强的适应性和较高的直接性，政府机构可以充分发挥知识教育以及信息宣传的作用，引导社会团体以及公民个人的思想，鼓励大家参与到信息资源产业的建设中。自愿性政策工具的使用一旦通过各种手段使得人的思想观念朝政府所期望的方向改变，那么这种政策工具便能非常有效地解决相关问题，长期来看，它是能改变社会团体以及公民个人思想及行为的一项信息资源产业政策工具。③对于那些到目前为止还没有确切方法来解决的一些复杂性问题，我们可以选择自愿性政策工具来鼓励社会团体以及公民个人来实施，如果仅仅通过使用自愿性政策工具可以解决好这个问题，那么就不用采取其他的相对来说成本较高的政策工具。此外，在解决问题的过程中如果找到更好的政策工具，那么能够很容易改变或者禁止自愿性政策工具的运用。④最后，自愿性信息资源产业政策工具的成本很低。

自愿性信息资源产业政策工具的不足之处也比较明显：①自愿性信息资源产业政策工具，完全依赖于社会团体以及公民的个人自愿，不具

有强制性，因此在出现危机问题时，自愿性信息资源产业政策工具是一个软弱无力的工具。②无法解决复杂的经济问题，且大多数现实存在的问题很大程度上限制、阻止了自愿性信息资源产业政策工具的有效性。此外，由我国长期的现状可知，很多自愿性的组织由于对环境的不适应会出现向官僚组织以及政府机构靠拢的可能性，这将不利于信息资源产业的发展，并且使这项政策工具失去自身的效率和效力。③信息类工具自身的强制性不高并且没有法律依据，充分给予社会团体和公民个人采取自愿行动的空间，有效性较低，在短期内治理的结果不容易出现明显的变化。

自愿性信息资源产业政策工具因具有以上特点，其通常主要被应用在如下情况：①间接调整信息资源产业的发展，非政府强制成立且不以赚取利润为组织的目的。②运用于做很多政府不能做或是不好做且成本也相对较低的特殊领域，常作为一种辅助性的工具。③指政府向个人和公司提供信息资源产业方面信息并希望和要求人们作出一些政府期许的行为，在较为民主的领域不具有强制性，公民以及社会团体也不用对相关问题作出必要回应。

三、混合性信息资源产业政策工具的利弊分析

混合性信息资源产业政策工具主要运作的核心是利用人的趋利动机，增加有益于公共物品的提供或减少有害公共物品的提供，从而提高社会净收益。

混合性信息资源产业政策工具的主要优势是：①适应性强，赋予社会团体以及公民个人等一定条件内的自由行动空间，这些条件必须是被规定好的内容，并且允许政府机关等决策者根据具体情况来作出符合现状的判断以及相关的决策，当政府机构与目标群体的偏好期望一致时，混合性政策工具的应用便更加顺利。②效益、效果的可见程度高，较为

灵活，成本容易控制，受益程度容易对比衡量。③混合性信息资源产业政策工具允许社会团体以及公民个人作出适当的回应，因此这种政策工具可以鼓励创新。④混合性政策工具有一定的强制性，同时混合性政策工具也同样能赋予社会团体以及公民一定的自由抉择的空间，进而在公共服务者间创造更多的竞争，容易产生较高的效率。⑤由于一定的财政激励，混合性信息资源产业能更好地使社会团体以及个人提供更有效的方案，与强制性政策工具相比，将责任更多转移到社会团体及个人身上，可以减少行政机构的任务。

混合性信息资源产业政策工具的主要不足之处在于实际结果具有不确定性：①混合性信息资源产业政策工具常常是由改变市场信号来间接调整相对目标的活动，然而因为对市场信号改变程度的不确定性从而使得目标群体的反应也就无法完全确定。因为是间接地起作用，因此混合性信息资源产业有滞后性，在解决危机时刻的事件时不宜使用。②税收和使用者付费的缺点有它们要求大量信息来确定具体的行动，浪费了大量的时间，且在获取最有效执行方案的过程中，可能出现错误的配置情况。③因为涉及了社会团体和公民个人的决策，所以在回应危机事件时也不能被有效地采用。此外，因为管理过程较为复杂，混合性信息资源产业政策工具将增加行政管理的成本。④需要政府有可供支配的充足的经济资源作为基本支持。

混合性信息资源产业政策工具因具有以上特点，使其通常主要被应用在如下情况：①政府可以以一定的经济利益为诱导，使社会团体以及公民个人参与到信息资源产业的建设中，促进、推动信息资源产业的发展。②对促进信息资源产业的团体以及公民个人给予一定的减免优惠。

第四节　信息资源产业政策工具的应用现状

政策工具已经成为信息资源产业政策研究的重要领域，其研究内容主要集中在政策工具的分类、组合等方面。信息资源产业政策工具理论的引入，能使信息资源产业的研究更好地落实到具体操作、执行这一方面，更注重政府、非政府公共组织、利益集团、公民、大众传媒等多种主体互动，在比较分析基础上选择合适的信息资源产业工具去实现政策目标。而我国在这方面的研究尚且处于分析框架的起步阶段，虽然已有少量的研究，但仍需结合国内具体的社会经济基础、体制环境和政策背景等因素对此理论作进一步的本土化研究。

一、信息资源产业政策工具应用现状分析

现有研究认为，西方现代社会在全球化背景下，政策工具研究的重点逐渐转向新公共管理影响下的政府管理方式的变革，而西方提出了"重塑政府"的理论，并由此产生了对各个国家的实践影响。自改革开放以来，我国对政府机构以及管理方式的改革等内容都增强了学界对政府管理方式认知情况的关注，这使得我国有了一个很好的契机来发展信息资源产业，其中包括信息资源产业的供给机制和信息资源产业政策工具选择。而随着我国市场机制的日渐成熟和社会组织的兴起，信息资源产业也逐渐实现了市场化与社会化，这些都使我国信息资源产业发展中的多元信息资源产业政策工具选择成为可能。而信息资源产业社会化的实质是信息资源产业政策工具的重新选择，由强制性程度较高和直接性程度较高的信息资源产业政策工具向强制性程度较低和直接性程度较低的信息资源产业政策工具逐渐转变。[①] 这就是说，我们社会能力在社会异质性增强的情况下逐渐提高，从而从另外一个角度提升了政府的能力。

信息资源产业政策工具理论的实证研究和理论的本土化改造也处于起步阶段，然而环境保护领域的政策工具研究在我国已经形成了较为深

---

① 曾军荣：《政策工具选择与我国公共管理社会化》，《理论探讨》2008 年第 3 期。

入的系统。笔者根据研究的目的将信息资源产业分为三种不同的政策工具，虽然不同的产业政策工具在各个方面，如工具的应用范围和产生影响的程度等都有所不同，但使用不同信息资源产业政策工具都是以信息资源产业的应用和管理为出发点的，每种产业政策工具都有自身的优势和不足。

（一）强制性信息资源产业政策工具的运用

"强制性信息资源产业政策工具的作用对象是目标公司或个人，而他们在遇到强制性政策工具时是不可以自行决定的，必须按照规定来执行，因此也被称为直接性工具"。[①] 正如上文所提到，强制性信息资源产业政策工具是通过制定相应的法律法规来执行的，完善的法律法规有助于信息资源产业工作的展开。改革开放以来，我国政府逐渐加强了对信息资源产业的重视程度，明确了国家不同阶层人员在信息资源产业发展中的责任和义务，为促进信息资源产业的发展壮大提供有利的背景。此外，随着时代的进步，为促进和保障信息资源产业的发展，国家也相应出台了一系列相关的产业政策，如《互联网文化管理暂行规定》、《出版物市场管理规定》等，这些政策都保证了信息资源产业的发展。随着我国信息资源产业研究的进一步深化发展，强制性信息资源产业政策工具的运用也会越来越普遍。

强制性信息资源产业政策工具因为其可以对具体的事件发出针对性的行政指令，所以是一种在信息资源产业管理方面行之有效的工具。政府借助各级行政管理体系，可以迅速、有力地执行政策。强制性政策工具的有效性可以得到保证，它是通过相关法律法规的保证以及对当事人行为的直接控制进行的。

（二）自愿性信息资源产业政策工具的运用

自愿性政策工具是不受政府控制的一种政策工具，所有的行动的前

① 迈克尔·豪利特、M. 拉米什:《公共政策研究：政策循环与政策子系统》，三联书店2006年版，第103页。

提都必须是自愿的，是在这种情况下完成所期望的目标并解决相应的问题。由于强制性、混合性的信息资源产业具有较强的约束性，所以他们并不是在任何情况下都能有效地发挥自身的优势，解决相应的问题，而自愿性信息资源产业政策工具的出现恰恰弥补了两者之间的空白之处。

　　与强制性、混合性信息资源产业发展不同，我国自愿性信息资源产业政策工具的应用还处于起步阶段，自愿性信息资源产业政策工具强制性较弱，或者说基本上没有任何强制性，是作为补充的一种信息资源产业政策工具。但是随着社会的发展，我国政府由管制型向服务型的转变，自愿性信息资源产业政策工具因其较弱的强制性也将会越来越受到重视。此外，自愿性信息资源产业政策工具相对来说较为公平并且没有很高的成本，能够较好激励广大公民积极地参与到信息资源产业的建设中，也正因为如此，自愿性信息资源产业在信息资源产业管理中可发挥的作用和空间也将会越来越大。

　　（三）混合性信息资源产业政策工具的运用

　　"混合性政策工具综合了自愿性和强制性政策工具的有关特点。它不仅允许政府将最终决定权留给社会团体以及公民，而且可以允许他们相应地介入无政府部门决策形成的过程。"① 这一类型的工具在市场机制的体制下才能很好地发挥自身的作用，和强制性政策工具比较起来，混合性信息资源产业政策工具的运用更加灵活并且强制性相对较弱。现阶段我国混合性信息资源产业政策工具种类多，但最常用的还是通过调整某一物品的价格和需求来实现政策目标，同时它也在努力的探索中不断地完善自身的缺陷。混合性信息资源产业政策工具结合我国信息资源产业管理的实践中主要有基金、财政补贴、付费、合同外包、消除市场壁垒以及税收优惠等。要使混合性信息资源产业政策工具能够充分发挥

---

　　① 迈克尔·豪利特、M. 拉米什：《公共政策研究政策循环与政策子系统》，三联书店2006年版，第96页。

作用必须有相应的使用条件，政府需要提供可供支配的经济资源，混合性资源产业政策工具能促使理性经济人选择有利于信息资源产业发展的生产或管理策略。混合性信息资源产业政策工具相比强制性政策工具而言，强制性较弱，在相对的条件下可以按照自己意愿选择策略。混合性信息资源产业政策工具在一定程度上弥补了强制性信息资源产业政策工具的缺陷。

混合性政策工具比"一刀切"的强制性政策工具在公平性上有所提高，同时也能弥补自愿性政策工具在强制性上的弱势。适应性较强，效益、效果的可见程度高，较为灵活，成本容易控制，受益程度较容易比较衡量，在三种政策工具中成本居中。

综上所述，在信息资源产业的管理发展中，强制性、自愿性以及混合性信息资源产业政策工具各自的运用广度和深度都有所不同，都有其自身的优势，三种信息资源产业政策工具相互组合、相互补充才能更好地发挥其各自的优势，减弱单独使用的劣势。强制性信息资源产业政策工具运用比较系统和全面，在信息资源产业的运用中占据着不可替代的地位，尤其是在我国信息资源产业处于发展阶段的情况下。而混合性政策工具运用的范围也在不断地扩展，其应用的广度和深度也都在不断地增加。相比之下，自愿性信息资源产业政策工具却没有很好地调动各个阶层组织的积极性，有待进一步扩展、在我国仍然处于起步发展阶段，但却拥有特殊的应用价值，虽然它的发展落后于其他发达国家，但是同时也具有良好的发展前景。

二、信息资源产业政策工具应用前景分析

政策工具理论在我国信息资源产业政策领域具有广阔的发展前景。由于我国正着力建设新的政府形象、提升自我管理、服务能力，并致力于向服务型政府的目标出发，在这样的大背景下，无论是对于信息资源

产业的推广，还是信息资源产业的管理应用，政策工具理论都有用武之地。在我国，经济宏观调控使用的政策工具相对单一，市场的监督管理也有同样的现象，相比较而言，信息资源产业领域所使用的政策工具的种类更加多元化。无论是信息资源产业的发布保护，还是信息资源产业推广，都应该广泛应用信息资源产业政策工具理论。因此，信息资源产业政策工具有着相当广阔的发展前景。当然，随着社会的发展，信息资源产业政策体系的不断完善，解决同一政策问题时可选择的政策工具也将越来越多。而到那时，信息资源产业政策工具理论将会得到更充分的应用。

　　我们应当结合国内经济、体制等方面的因素，充分发挥信息资源产业政策工具在达到目标中的主导作用，不断完善信息资源产业政策体系。学习国外先进的信息资源产业发展的成功案例，结合我国实际情况对其进行本土化。与西方发达国家相比较可以看出，我国信息资源产业发展背景的发育还不够成熟，政策工具单一，可供政府选择的产业政策工具种类不多，信息资源产业政策体系不够完备。因此我们需要根据我国的国情及目前发展状况来研究信息资源产业的政策工具，以创建能指导我们信息资源产业实践的政策工具理论。由于我国关于信息资源产业的发展起步较晚，对政策工具的研究也仅限于对现有文献的梳理，所以总体来说发展速度缓慢，在我国大力发展信息资源产业的大环境下，我国应该加强对信息资源产业的建设，发展中国特色的信息资源产业政策工具，为我国政策科学以及信息资源产业的发展提供一个较为有力的抓手。

第五节　我国信息资源产业政策工具应用中的主要问题

　　通过对产业政策工具分类以及运用现状的分析研究，我们可以发现在我国信息资源产业政策工具的运用中主要存在以下主要问题：

第一是在政策工具的分类上，我国关于信息资源产业政策工具的分类仍然存在很多不足。首先，学者们关于政策工具的分类并没有形成统一的观点，他们对于政策工具的分类都有自己的想法和考虑，由于出发点不同，解决的问题不同，分类的结果也不尽相同，并且有的分类太过于宽泛。在信息资源产业领域，研究者们也有自己不同的观点，这些观点都无对错之分，却因为不够具体而导致操作困难。其次，政策工具分类的诸多困难有其不可避免的原因，通过查阅相关问题，笔者认为大体上与以下几方面有关：信息资源产业政策工具的内容相对丰富，这导致不同类别的政策工具之间会有一部分的重叠，并使得一些政策工具的分类不够明晰；我们在研究政策工具时由于处于静态的角度而使得分类的方式僵化；信息资源产业政策工具分类研究领域中有很多不确定性存在，无法准确地进行分类；信息资源产业政策工具的分类涉及了很多利益；现在中国社会的信息资源产业日趋复杂，我们很难整合不同的信息资源产业政策工具来解决这些复杂的问题。总体上来说，关于信息资源产业政策工具的分类刚刚开始，对于分类的研究还将继续下去。①

第二是在政策工具的选择上，从信息资源产业政策工具的这种表现特征来看，政府在选择信息资源产业政策工具时，常常只着重使用分析发展某一项功能较为强大的信息资源产业政策工具，这样具有片面性。我们应该充分考虑信息资源产业政策工具的多样性及各自所具有的特点，发展资源性政策工具以及混合性政策工具，通过科学的组合信息资源产业政策工具使得能最大化地使用信息资源产业政策工具来解决问题。

第三是在政策工具运用研究中，出现了比较严重的"部门利益化"现象，一些制度性的东西大大阻碍了各种政策工具的使用。因此，我们

① 曹原：《政策工具发展历史及其分类探讨》，《现代商贸工业》2009 年第 13 期。

需要在统一的框架下明确各部门的职责，确定政策工具在运用时的衔接性。

第四是强制性政策工具中法律法规的文件比重还是偏小，总体不足四分之一，说明我国信息资源产业法规中具有强制约束力的法律法规不多，信息资源产业政策工具中国法律法规不够健全。

第五是信息资源产业在我国的研究尚处于起步阶段，虽然也取得一定的成果，但基本处于吸取国外研究成果经验的阶段，缺乏本土的创新型研究，缺乏具体结合我国信息资源产业领域自身特点的试验性改革。

第六是笔者在对信息资源产业的分类过程中发现：虽然强制性政策工具在我国的运用较为普遍，但在信息资源产业政策工具的执行过程中会出现政府失灵的情况。同样的情况也出现在混合性信息资源产业政策工具的执行中，可见所有的政策工具都不是万能的，在执行过程中会出现各种各样的问题，比如政府寻租、管制俘虏等现象。因此我们应当充分了解信息资源产业各个类型的政策工具以及它们的适用范围、应用背景等，各个政策工具相互补充、相互依赖，有效地将它们组合到一起，这样才能发挥自身的优势，推动信息资源产业的发展，优化信息资源产业的政策体系。

第七是单个政策工具都拥有自身的缺陷，并且单个政策工具的使用范围都较小，而政策工具的组合恰恰能弥补这些缺点。在政策重新组合使用后不但扩大了使用范围，还可能会产生一些新的特征以及性能，从而扩大信息资源产业政策适用范围。但是我国信息资源产业的组合机制的运用还不够成熟，两个政策工具在组合的过程中可能会由于组合不当而使得原有政策工具的一些功能失效，这种组合也可能会导致其中一种政策工具解决问题的能力下降，从而无法完成既定的目标。

第八是信息资源产业政策工具选择是政策主体在行使公共权力的过程中不同偏好与利益进行表达和博弈的政治过程，而并非仅仅是一个纯技术的行为过程，最终的选择结果意味着不同利益主体之间的相互妥协并达成了一致的价值标准。选择的结果因为执行选择政策工具人价值观的不同也会有所不同，较易受到人价值观的影响。因此，我们在价值取向上一定不能脱离常识，要使政策工具选择的结果与目标群体的利益与倾向一致，即具备"可接受性"。

第六节　关于信息资源产业政策工具组合
应用的改进策略

组合是政策工具应用的普遍现象和必然要求。信息资源产业的政策工具不是万能的，都存在自身的缺陷，因此使用时都会有一定的局限性。而政策工具的组合可以发挥出每一个政策工具自身功能特性的长处。此外，组合过程中产生的新的功能和新特性也将使政策工具的应用范围不断地扩大，提高有效性。要提高我们信息资源产业政策工具的应用效果，就应当形成科学的信息资源产业政策体系，合理地组合产业政策工具，正确处理好三种工具之间的关系。

一、信息资源产业政策工具组合应用原则

为了使信息资源产业政策工具选择被目标群体所认可，工具选择结果的可接受性需要与过程进行理性的配合。从这方面来看，信息资源产业政策工具选择过程的理性并不是只涉及单一手段与目的的综合，它还为满足现代民主社会对政策主体决策问题而检索查询更多关于信息资源产业政策工具提供选择。因此，信息资源产业政策工具选择的合理性判断主要包括两个方面的内容：一是信息资源产业政策工具选择结果的可接受性；二是信息资源产业政策工具选择过程的民主性与科学性。

上文中提到的每一类型的信息资源产业政策工具都不是万能的，都

有自身的优势和劣势。在实践中，一项政策问题的解决可以依靠于多种信息资源产业政策工具的使用，而一种信息资源产业政策工具也并非只能解决一种政策问题，它同样可以用于完成多种政策目标。也就是说，政策工具的运用常常是综合交叉在一起的。政府在选择实施确定信息资源产业政策工具的时候应综合考虑以下几个原则：

（一）信息资源产业发展要与我国的国情相结合

信息资源产业政策工具的科学组合必须以信息资源产业的发展实施为依据，脱离发展的信息资源产业的政策工具是没有意义的。因此，信息资源产业政策工具的组合应从全局的利益出发，综合考虑各个方面的利益，不能只考虑单方面的利益而最终导致政策工具的失效。在当前我们既要注意侧重发展信息资源产业的内容，但同时要顾及我国现有国情和经济发展阶段来制定相应的信息资源产业政策工具。

（二）要判断产业政策目标

政策目标是在产业政策生效后最终所要达到的理想目的，笔者将政策目标分为四个方面：调整产业结构、维护市场秩序、引导技术进步以及合理配置布局。在信息资源产业领域，只有明确政策问题之后，才能选择相应的政策工具来解决政策问题并实现完成政策目标。在选择信息资源产业政策工具时要明白以下几个问题：政策目标是否单一、是否长远、实现是否有实质意义等。有些政策目标太过单一导致政策问题无法解决。

（三）要考虑产业政策工具的互补性原则

每种政策工具都不是万能的，都有自身的特征以及优劣势，它们的适用范围也不尽相同。这就要求在进行政策工具选择时，要考虑到信息资源产业政策工具自身的一些特点。影响政策工具选择的因素多种多样，其中包括：政策目标、政策问题以及政策工具选择的环境等。这些因素的存在都直接影响信息资源产业政策工具的选择。如果各类信息资源产业政策工具组合不合适的话，还会出现"制度挤出"的情况，比如自愿性政策工具可能会和强制性政策工具中某些具体手段之间出现相互排斥的情况，这也就是所谓的"制度挤出"。因此我们在选择政策工具时应当考虑政策工具自身的特点以及它们之间的互补性原则，从而产生一加一大于二的效果。

（四）要考虑信息资源产业政策工具的选择时机

信息资源产业政策工具的组合运用也应该把握正确的时机，根据当时的中国国情来选择工具。信息资源产业政策工具在我国从第一次颁布到目前的条例的变化中，可以看出其在应用过程中的时机原则。假如客观的一些条件还没有成熟，实施的时间过早，所选择的信息资源产业政策工具在实施过程中以及实施后会出现无益的情况，通常对信息资源产业的发展没有实质性的帮助；而实施得过晚，所选择的信息资源产业政策工具在实施过程中则可能会出现很被动的局面，因此，政府在进行信息资源产业政策工具的选择时，应该在掌握经济发展动态的基础上选择不同信息资源产业政策工具所运用的时间。

（五）要考虑信息资源产业政策工具选择的具体情境

由上文的分析可知信息资源产业政策工具有自身政治性特征。政府在制定政策时要充分考虑到我国特有的政治环境和实施环境，尽量选择政治风险相对较小的信息资源产业政策工具，也就是说，信息资源产业政策工具的选择和应用都必须要充分顾及国家根本利益，充分顾及国家经济社会发展大环境的需求，以及它所形成的一系列约束条件的限制。

二、信息资源产业政策工具组合应用的实施

根据上文中对信息资源产业政策工具的分类分析可知，强制性、自愿性和混合性政策工具有各自的优劣势，政策主体要根据信息资源产业政策工具的有效性来确定信息资源产业政策工具以解决信息资源产业政

策问题。从我国的国情出发，笔者提出以下几点建议：

第一是我国的信息资源产业仍然处于初步发展阶段，仍旧依靠国家的强化性政策才能生效，所以我们应该继续坚持并着力发展强制性信息资源产业政策工具，同时必须兼顾自愿性和混合性信息资源产业政策工具的发展，发挥不同信息资源产业政策工具的优势，使三种政策工具充分结合，形成多元的发展模式。我国信息资源产业的开发利用都不足，我们应当依靠国家的财力来优化信息资源产业的政策体系，健全信息资源产业的保障机制，着力研究信息资源产业政策工具的相关理论，加大信息资源产业的宣传以推进信息资源产业的发展。

第二是加强混合性政策工具在信息资源产业重点领域中的应用研究。混合性政策工具因其综合了强制性政策工具和自愿性政策工具的优点，是一种全新的信息资源产业政策工具的应用形式，而自愿性信息资源产业政策工具的强制性相对较弱，能鼓励公民、企业积极地参与信息资源产业的建设。我们应当加强三种不同信息资源产业政策工具在产业重点领域的研究和应用，充分认识各种信息资源产业政策工具的优势和劣势以便形成典型的信息资源产业体系后加以推广应用。

第三是信息资源产业政府管制应该以法制化作为准则。为使政府管制具有明确的法律依据和实施程序，我们应该按照法制经济和法制政府的要求，建立政府管制的法律制度。这一内容主要是两个方面：一方面是抓紧立法，把一些条例（例如电信条例、电视条例等）上升为法律；另一方面应该抓紧制定信息资源产业方面的实施细则。

第四是将配套性信息资源产业政策工具与各领域政策工具结合起来使用，以形成推进信息资源产业的发展。

通过分析各种政策工具的特性及其在中国实施效果的现状，我们能够清晰地看出，如果想发挥政策工具的效用，那就要充分认识工具特性，这是必不可少的。但我们也要对工具实施存在的问题加以改进，同时要做到事前预防措施的落实和部门的协调，结合多种多样的工具手段，使所实施的工具在强制性的硬因素和能力性建设的软因素两方面平衡，使其充分发挥积极作用和效率。一般认为，单一的政策工具很难解决各个问题，而是需要多种政策工具协同作用。因此，在政策工具的设计中，应统筹好各种政策工具。

参 考 文 献

1. 白津夫:《重在转变发展方式》,《瞭望》2007 年第 50 期。

2. 毕颖:《高新技术产业的政府政策扶持与我国政府的政策取向》,《河北经贸大学学报》2000 年第 3 期。

3. 曹原:《政策工具发展历史及其分类探讨》,《现代商贸工业》2009 年第 13 期。

4. 查先进:《信息政策与法规》,科学出版社 2004 年版。

5. 陈振明:《政策科学——公共政策分析导论》,中国人民大学出版社 2003 年版。

6. 陈肖莹:《浅析中西方政策主体的差异及缘由》,《重庆科技学院学报》(社会科学版) 2011 年第 12 期。

7. 陈禹等:《信息资源产业和信息市场政策研究报告》,中国人民大学信息学院经济科学实验室,2004 年。

8. 杜佳:《国家信息政策法规体系研究——基于"国家信息政策法规数据库"的实证分析》,北京图书馆出版社 2005 年版。

9. 范在峰:《论知识产权法律对技术创新的功能》,《科技与法律》2002 年第 4 期。

10. 冯惠玲、侯卫真:《信息资源产业的基本特征与要素研究》,《图书情报工作》2011 年第 5 期。

11. 冯惠玲、周毅:《论公共信息服务体系的构建》,《情报理论与实践》2010 年第 7 期。

12. 冯惠玲:《信息资源产业内涵及其与相关产业的关系探究》,《情报资料工作》2011 年第 2 期。

13. 冯惠玲:《档案信息资源在国家经济社会发展中的综合贡献力》,《档案学研究》2006 年第 3 期。

14. 盖伊·彼得斯、弗兰斯·冯尼斯潘:《公共政策工具:对公共管理工具的评价》,中国人民大学出版社 2001 年版。

15. 郭国庆、钱明辉:《优化企业自主创新的外部环境和内部管理》,《国家行政学院学报》2006 年第 5 期。

16. 郭远红:《中美公共政策制定主体的比较分析》,《华章》2009 年第 4 期。

17. 韩丽华、潘明星:《政府经济学》,中国人民大学出版社 2003 年版。

18. 韩洁平、毕强、赵娜:《信息内容产业的发展机理与发展规律研究》,《情报资料工作》2009 年第 6 期。

19. 韩洁平、毕强:《数字内容产业研究与发展》,《情报科学》2009 年第 11 期。

20. 韩芸:《信息资源产业及其在我国的发展策略》,《中国图书馆学报》2006 年第 6 期。

21. 贺德方:《中外信息内容产业对比分析》,《中国软科学》2005 年第 11 期。

22. 侯亮:《国内外数字内容产业发展现状分析》,《软件导刊》2007 年第 11 期。

23. 侯卫真:《信息资源产业特性与政策优化》,《信息化建设》2010 年第 2 期。

24. 胡博:《喜羊羊的成功对中国动漫产业模式的启示》,《中国编辑》2009 年第 6 期。

25. 黄先蓉、刘菡：《传统出版业数字化转型的政策需求与制度模式创新》，《中国编辑》2011 年第 1 期。

26. 霍国庆、孟广均、王进孝等：《信息资源管理思想的升华》，《图书情报工作》2002 年第 4 期。

27. 蒋坡：《国际信息政策法律比较》，法律出版社 2001 年版。

28. 江泽民：《新时期我国信息技术产业的发展》，《上海交通大学学报》2008 年第 42 期。

29. 靖继鹏、王欣、薛雯：《信息产业系统演化机理研究》，《情报杂志》2008 年第 5 期。

30. 来尧静、徐梁：《发达国家数字内容产业：发展历程与配套措施》，《学海》2010 年第 6 期。

31. 赖茂生、闫慧、龙健：《论信息资源产业及其范畴》，《情报科学》2008 年第 4 期。

32. 赖茂生、任浩森、夏牧：《我国现行信息资源管理的政策与法律研究》，《科技与法律》1997 年第 21 期。

33. 李剑阁：《现代信息服务业的发展战略》，《中国信息界》2007 年第 18 期。

34. 李婧、李凌汉：《中国数字内容产业发展中存在的问题及政府调控》，《经济研究导刊》2009 年第 4 期。

35. 李蓉：《我国信息资源公益性开发利用的公共政策工具分析》，《情报科学》2008 年第 6 期。

36. 梁国越：《论我国政策工具应用背景的优化》，《现代商贸工业》2009 年第 13 期。

37. 梁进社、王红瑞、王天龙：《中国经济社会发展的资源瓶颈与环境约束》，《经济研究参考》2011 年第 1 期。

38. 梁俊兰:《台湾信息政策研究》,北京图书馆出版社 2006 年版。

39. 刘澄、顾强、董瑞青:《产业政策在战略性新兴产业发展中的作用》,《经济社会体制比较》2011 年第 1 期。

40. 刘凤勤、徐波、王科理:《我国信息产业技术创新模式与发展对策研究》,《情报科学》2004 年第 10 期。

41. 刘迎建:《攻克传统媒介帝国最后一座堡垒——数字化将成为出版业的发展方向》,《现代出版》2011 年第 1 期。

42. 刘勇燕、郭丽峰:《美国信息产业政策启示》,《中国科技论坛》2011 年第 5 期。

43. 马费成、裴雷:《我国信息资源政策与法律研究进展评析》,《图书馆论坛》2007 年第 27 期。

44. 马海群、张丹丹:《信息政策系统的运行机制研究》,《图书馆论坛》2005 年第 6 期。

45. 迈克尔·豪利特、拉米什:《公共政策研究:政策循环与政策子系统》,生活·读书·新知三联书店 2006 年版。

46. 孟劲:《公共政策主体及其作用过程》,《铜仁师范高等专科学校学报》(综合版) 2006 年第 3 期。

47. 钱明辉、孟捷:《交叉销售视角下的企业多元化风险研究》,《财经问题研究》2007 年第 1 期。

48. 冉从敬、赵蕊菡:《信息内容产业国际研究综述》,《情报杂志》2010 年第 1 期。

49. 萨瓦斯:《民营化与公私部门的伙伴关系》,中国人民大学出版社 2002 年版。

50. 孙劭方:《构建多元化科技投入模式》,《合作经济与科技》2009 年第 12 期。

51. 孙彦红:《欧盟产业政策研究》,社会科学文献出版社 2012

年版。

52．王安耕、陈玉龙等：《信息资源市场监管体系研究报告》，国家信息中心中经网，2005 年。

53．王斌、蔡宏波：《数字内容产业的内涵、界定及其国际比较》，《财贸经济》2010 年第 2 期。

54．王芳、赖茂生：《论信息资源的经济学研究》，《中国图书馆学报》2003 年第 6 期。

55．王满船：《公共政策制定：择优过程与机制》，中国经济出版社2004 年版。

56．王明明：《信息产业促进经济发展的机制》，中山大学出版社2001 年版。

57．王宁：《政策主体、主体性价值与公共政策分析——以中国教育政策为例》，《湖北社会科学》2008 年第 8 期。

58．王素芳：《我国信息资源开发利用政策法规初探》，《现代情报》2004 年第 24 期。

59．王欣、靖继鹏：《国内外信息产业测度方法综述》，《情报科学》2006 年第 12 期。

60．王欣、靖继鹏：《信息产业链形成机理研究》，《情报科学》2010年第 11 期。

61．王学杰：《改善我国公共政策参与方式的思考》，《中国行政管理》2001 年第 2 期。

62．吴汉洪、邱中虎：《推测变分及其在产业组织领域的应用》，《河北经贸大学学报》2010 年第 4 期。

63．吴汉洪、邱中虎：《新经验产业组织述评》，《社会科学战线》2010 年第 3 期。

64．吴汉洪：《美国政府在产业结构调整中的作用》，《经济理论与经济管理》2002 年第 6 期。

65. 吴贤纶:《英国政府发展数字化内容产业和公共服务的政策》,《有线电视技术》2009 年 9 月。

66. 肖明芳、朱浩东:《界定信息资源产业》,《计算机世界》2007 年第 6 期。

67. 徐程:《政府工具与政府治理》,厦门大学,2006 年 5 月。

68. 宣小红:《我国信息资源产业管理的困境及改革策略》,《江海学刊》2008 年第 2 期。

69. 宣小红:《信息资源市场培育初探》,中国文联出版社 2008 年版。

70. 闫世刚:《数字内容产业发展的东亚模式及其借鉴》,《特区经济》2010 年第 6 期。

71. 杨吉华:《我国文化产业园发展现状、存在问题及对策》,《北京市经济管理干部学院学报》2006 年第 21 期。

72. 杨吉华:《文化产业政策研究》,中共中央党校,2007 年 5 月。

73. 杨全城:《信息内容产业发展模式及政策支撑体系研究》,合肥工业大学,2011 年 5 月。

74. 姚承宽:《地理信息资源管理的若干问题探讨》,《现代测绘》2004 年第 4 期。

75. 曾军荣:《政策工具选择与我国公共管理社会化》,《理论探讨》2008 年第 3 期。

76. 张建波、胡启萍、郭建强:《美国信息产业发展战略对我国的启示与借鉴》,《生产力研究》2008 年第 4 期。

77. 张劲松、唐贵伍:《论政策议程中政策主体的影响力互动及其表现》,《理论导刊》2007 年第 8 期。

78. 张璋:《我国信息资源产业政策:现状、分析与前瞻》,《图书情报工作》2012 年 12 月。

79. 张成福、党秀云：《公共管理学》，中国人民大学出版社 2001 年版。

80. 张国庆：《公共政策分析》，复旦大学出版社 2004 年版。

81. 张璋：《理性与制度——政府治理工具的选择》，国家行政学院出版社 2006 年版。

82. 赵国俊：《我国信息资源开发利用基本法律制度初探》，《情报资料工作》2009 年第 3 期。

83. 赵国俊：《浅议我国信息资源开发利用战略思想的形成与发展》，《档案学通讯》2009 年第 3 期。

84. 赵国俊：《图书馆、情报与档案管理学科的创新发展：从对文献的管理到基于信息资源的管理》，中国人民大学出版社 2009 年版。

85. 赵亮：《电子书阅读器，现在与未来的桥梁——2009 年电子书阅读器产业的发展与影响述评》，《数字图书馆论坛》2010 年第 6 期。

86. 赵子忠：《内容产业论——数字新媒体的核心》，北京广播学院出版社 2005 年版。

87. 郑海燕：《欧洲联盟信息政策研究》，北京图书馆出版社 2004 年版。

88. 周新生：《产业衰退及退出产业援助机制》，《产业经济研究》2003 年第 5 期。

89. 朱雪宁、刘兰华：《中韩两国信息资源产业政策比较》，《行政与法》2010 年第 5 期。

90. 朱雪宁：《韩国发展信息资源产业的政策及启示》，《情报杂志》2009 年第 1 期。

91. 朱雪宁：《我国信息资源产业人才短缺问题的对策》，《情报科学》2009 年第 7 期。

92. 朱幼平：《我国信息资源业发展的十大问题》，《中国软科学》1996 年第 6 期。

93. 卓武扬：《网络游戏产业研究》，《江西财经大学学报》2004 年第 1 期。

94. 卓晓宁：《公共政策中的政治文化：影响与功能》，《唯实》2011 年第 12 期。

95. 北京大学经济学院：《中国经济增长报告 2010》，2010 年。

96. 国家环境保护总局、国家统计局：《2004 中国绿色国民经济核算研究报告》，《环境保护》2006 年第 18 期。

97. 北京市信息化工作办公室：《北京市信息服务业发展报告 2004》，中国发展出版社 2005 年版。

98. 国务院：《中华人民共和国国民经济和社会发展第十一个五年规划纲要》，2006 年 8 月。

99. 赛迪顾问：《2004—2005 年中国数字内容产业投资机会研究年度报告》，2005 年。

100. 深圳市发展和改革局编：《深圳数字内容产业发展战略研究》，2007 年。

101. 现代服务业科技问题研究专题组：《现代服务业科技发展问题战略研究报告》，2004 年。

102. 新闻出版总署出版产业发展司：《中国新闻出版统计资料汇编》，中国统计出版社 2010 年版。

103. 中共中央办公厅：《中共中央办公厅、国务院办公厅关于加强信息资源开发利用工作的若干意见》，2004 年。

104. 中国环境与发展国际合作委员会：《中国生态足迹报告（上）》，《世界环境》2008 年第 6 期。

105. Audley P., "Cultural Industries Policy：Objectives，Formulation

and Evaluation", *Canadian Journal of Communication*, 1994, Vol. 3, No.4.

106. Barnett V., "Everyone Agrees that DRM is Now Holding the Industry Back", *New Media Age*, 2008, No.3.

107. Benkler Y., *The Wealth of Networks*, New Haven: Yale University Press, 2006.

108. Besser H., "Will Copyright Protect the Public Interest", *Peace Review*, 1999, Vol. 11.

109. Cardoso Julio A., "The Multimedia Content Industry: Strategies and Competencies", *International Journal of Technology Management*, 1996, 11.

110. Christopherson S., "Behind the Scenes: How Transnational Firms are Constructing a New International Division of Labor in Media Work", *Geoforum*, 2006, Vol. 37, No. 5.

111. Crawford W., "Who do You Trust", *E-Content*, 2004, Vol. 27.

112. Dodd P., "A Very Different Cultural Revolution Developing Creative Economies: As China Nurtures its Film and other Media Businesses, It must Overcome more than just Piracy", *Financial Times*, 2005, Vol.1.

113. Eugene Bardach, *The Implementation Game*, Cambridge: MIT Press, 1997.

114. Even Vedung, "Policy Instruments: Typologies and Theoris", in Marie-Lousise Bemelmans-Videc, Ray C. Rist and Evert Vedung (Eds.), *Carrots, Sticks and Sermons: Policy Instruments and Their Evolution*, London: Transaction Publishers, 2003.

115. Gasser U., *Legal Frameworks and Technological Protection of Digital Content: Moving Forward Towards a Best Practice Model*, Berkman Center Research Publication, 2006.

116. Geller H., "Promoting the Public Interest in the Digital Era", *Fed-*

eral Communications Law Journal, Los Angeles, 2003, Vol.55, No.3.

117. Gollmitzer M. and Murray C., *From Economy to Ecology: A Policy Framework for Creative Labour*, Vancouver: Centre of Expertise on Culture and Communities, Simon Fraser University, 2008.

118. Gunton T., and Vertinsky I., " Methods of Analysis for Forest Land Use Allocation in British Columbia: Options and Recommendations ", Prepared for the British Columbia Round Table on the Environment and the Economy, 1990.

119. Hane P. J., " News about Organizational Tools, the Content Industry, and More", *Information Today*, 2004, Vol.21, No.4.

120. Healy L. W., Reeta, S., " Content Industry Outlook 2003: Asteroids that are Changing the Information Landscape", *Serials Librarian*, 2004, Vol.46, No.1.

121. Hearn G., Cunningham S. and Ordonez D., "Commercialization of Knowledge in Universities: The Case of the Creative Industries", *Prometheus*, 2004, Vol.22, No.2.

122. Holland B., "Congress to Tackle Tough C' Right Issues", *Billboard*, 1997, Vol.109.

123. Hwang C., *IPR Law Mapping System With Digital Rights Management for Forensic Computing*, in the 7th IASTED International Conference on Internet and Multimedia Systems and Applications (USA), Honolulu USA, 2003.

124. Jung N., "Sources of Creativity and Strength in the Digital Content Industry in Seoul: Place, Social Organization and Public Policy", Doctoral Dissertation, Cornell University, 2007.

125. Keane M.A., "Cultural Technology Transfer: Redefining Content in

the Chinese Television Industry", *Emergences*: *Journal for the Study of Media & Composite Cultures*, 2001, Vol.11, No.2.

126. Kishimoto, S., "Shoring up Japan's Content Industry", *Japan Echo*, 2004, Vol.31, No.3.

127. Laranja M., Uyarra E. and Flanagan K., "Policies for Science, Technology and Innovation: Translating Rationales into Regional Policies in a Multi-level Setting", *Research Policy*, 2008, Vol.37.

128. Lester M. Salamon, Odous V. Elliot, Tools of Government: *A Guide to the New Governance*, Boston: Oxford University Press, 2002.

129. Li C., "Evaluating Weights of Stages in Digital Content Life-cycle Using AHP", in Proceedings of 2008 International Conference on Public Administration, 2007,1.

130. Liu D.W., "The Digital Content Industry and Virtual Cluster", *International Conference on Management Innovation*, 2007, Vol.1, No.2.

131. Lorenzen M. and Frederiksen, L., "Why do Cultural Industries Cluster? Localization, Urbanization, Products, and Projects", in Cooke, P. and Lazzeretti, L. (Eds.), *Creative Cities, Cultural Clusters and Local Economic Development*, Cheltenham: Edward Elgar, 2008.

132. Meglio D., " ATG Special Report— How the Emergence of Digital Content is Transforming the Publishing Industry", *Against the Grain*, 2010, Vol.22, No.5.

133. Michael Howlett & M. Ramesh, *Studying Public Policy*: *Policy Cycles and Policy Subsystems*, Oxford: Oxford University Press, 1995.

134. Mickey B., "Special Report: State of the Content Industry", *E-content*, 2001, Vol.24.

135. Moore, A., "The Digital Content Market: Rushing Toward Fate",

E-content, 2002, Vol.25.

136. Na Y. J., Seok K., Xu S. Y., "A Multilayered Digital Content Distribution Using a Group-Key Based on Web", *Future Generation Computer Systems*, 2009, Vol.25, No.3.

137. O'Regan, T., Mark, D.R., "From Multimedia to Digital Content and Applications: Remaking Policy for the Digital Content Industries", *Media International Australia Incorporating Culture & Policy*, 2004, Vol.112.

138. Paschal P. and Aphra K., "Digital Media, Nation-States and Local Cultures: The Case of Multimedia Content Production", *Media*, *Culture & Society*, 2001, Vol.23.

139. Paskin N., "The Digital Object Identifier System: Digital Technology Meets Content Management", *Interblending & Document Supply*, 1999, Vol.27, No.1.

140. Peng K.F., Fan Y.W. and Hsu T. A., "Proposing the Content Perception Theory for the Online Content Industry—A Structural Equation Modeling", *Industrial Management & Data Systems*, 2004, Vol.104, No.6.

141. Peterson C. A., "Content Development Moves Forward", *Malaysian Business*, 2008, Vol.4.

142. Pitta D. A., "Internet Currency", *The Journal of Product and Brand Management*, 2003, Vol.12 No.2/3.

143. Potts J. and Cunningham S., "Four Models of the Creative Industries", *International Journal of Cultural Policy*, 2008, Vol.14, No.3.

144. Potts J., Cunningham S., Hartley J. and Ormerod P., "Social Network Markets: A New Definition of the Creative Industries", *Journal of Cultural Economics*, 2008b, Vol.32.

145. Pratt A.C., Rosalind G. and Volker S., "Work and the City in the

E-Society A Critical Investigation of the Socio-spatially Situated Character of Economic Production in the Digital Content Industries in the UK", *Information*, *Communication & Society*, 2007, Vol.10, No.6.

146. Prince R., "Globalizing the Creative Industries Concept: Travelling Policy and Transnational Policy Communities", *Journal of Arts Management*, *Law*, *and Society*, 2010, Vol.40, No.2.

147. Richardson J., "Government, Interest Groups and Policy Change", *Political Studies*, 2000, Vol.48, No.5.

148. Schweizer S.T., "Managing Interactions Between Technological and Stylistic Innovation in the Media Industries", *Technology Analysis & Strategic Management*, 2003, Vol.15.

149. Smith S., "Content Industry to Embrace CES", *This Week in Consumer Electronics*, 2007, Vol.22, No.24.

150. Smith S., "The Rising Price of Privacy", *E-content*, 2008, Vol.31.

151. Stone D., "Global Public Policy, Transnational Policy Communities, and Their Networks", *Policy Studies Journal*, 2008, Vol.36, No.1.

152. Stone D., "Non-governmental Policy Transfer: The Strategies of Independent Policy Institutes", *Governance*, 2000, Vol.13, No.1.

153. Stone D., "Transfer Agents and Global Networks in the 'Transnationalization' of Policy", *Journal of European Public Policy*, 2004, Vol.11, No.3.

154. Sud J., "Copyright Tyranny", *Poptronics*, 2000, Vol.1.

155. Tsai H.H., Lee H.Y. and Yu H.C., "Developing the Digital Content Industry in Taiwan", *Review of Policy Research*, 2008, Vol.25, No.2.

156. Vinodrai T., Gertler M.S. and Lambert R., "Capturing Design: Lessons from the United Kingdom and Canada", *Science*, *Technology and In-*

novation Indicators in a Changing World, Organization for Economic Co-operation and Development, 2007.

157. Warren P., Greenop D. and Crawley B., "The Content Industry-Convergence and Diversity", *Journal of the Institution of British Telecommunications Engineers*, 2001, Vol.2.

158. Windeler A. and Jorge S., "Project Networks and Changing Industry Practices—Collaborative Content Production in the German Television Industry", *Organization Studies*, 2001, Vol.22, No.6.

159. Wong P. K., Ho Y. P., and Singh A., "Singapore as an Innovative City in East Asia: An Explorative Study of the Perspectives of Innovative Industries", *World Bank Policy Research Working Paper*, 2005, No. 3568.

160. Woolthuis R. K., Lankhuizen M. and Gilsing V., "A System Failure Framework for Innovation Policy Design", *Technovation*, 2005, Vol.25.

161. Yasuki H., "Current Conditions and Prospects for the Japanese Content Industry", *Economy, Culture & History Japan Spotlight*, 2005, 24, No.3.

162. Yeh S.W., Shiue Y. C., Horng, D. J., "How to Enhance Competitive Advantage of Digital Content Industries?—A Case Study of Taiwan", *Journal of Digital Information Management*, 2006, No.4.

163. Yong G. J. and Sohn S.Y., "Structural Equation Model for Effective CRM of Digital Content Industry", *Expert Systems with Application*, 2008, Vol.34.

后　记

看着我人生第一本书即将出版，感慨颇多。

回顾过往的求学之路，澳洲完成本科、硕士阶段的学习，中国人民大学完成博士阶段学习，如今又进入中央财经大学博士后流动站工作，其中充满了酸甜苦辣。一路走来，离不开众多人的关心、支持和帮助。

这本书是在我结束博士阶段学习后完成的，也是我阶段性学习、思考的总结。首先，我要感谢我的恩师赵国俊教授，赵老师对我的谆谆教诲使我受益颇丰，此书也凝聚了赵老师的智慧和心血。同时，也得到身边其他各位师长、领导、同学、朋友的指导和帮助。太多感激无以言表，藏记于心。其次，我还要感谢我的朋友们，感谢人民出版社。感谢责任编辑吴焖东为本书的编辑出版付出的辛勤劳动，甚至为本书的编校放弃了节假日期间的休息。他们的支持为本书的完成和出版提供了重要的条件，我谨向他们表示诚挚的谢意！

此外，我还要感谢我的家人，没有他们的理解和支持，我是不可能将写作本书的愿望变成现实的。

现在自己又最后一次校对了书稿，深觉惭愧。自己思考和研究了多年的问题，由于成书匆匆，在思路整理、结构安排、文字表达方面都有着一些遗憾。

正如尼采所说，"书一旦脱稿之后，便以独立的生命继续生存了"。本书的诸多不足请专家和读者多予批评指正。

赵　京
2014 年 10 月

责任编辑:吴焰东

封面设计:黄桂月

图书在版编目(CIP)数据

中国信息资源产业政策体系优化研究/赵 京 著.—北京:人民出版社,2014.12
ISBN 978-7-01-014210-4

Ⅰ.①中… Ⅱ.①赵… Ⅲ.①信息资源-资源产业-产业政策-研究-中国
Ⅳ.①G203

中国版本图书馆 CIP 数据核字(2014)第 276609 号

中国信息资源产业政策体系优化研究

ZHONGGUO XINXI ZIYUAN CHANYE ZHENGCE TIXI YOUHUA YANJIU

赵 京 著

人民出版社 出版发行
(100706 北京市东城区隆福寺街 99 号)

北京汇林印务有限公司印刷 新华书店经销

2014 年 12 月第 1 版 2014 年 12 月北京第 1 次印刷
开本:710 毫米×1000 毫米 1/16 印张:12.25
字数:180 千字

ISBN 978-7-01-014210-4 定价:32.00 元

邮购地址 100706 北京市东城区隆福寺街 99 号
人民东方图书销售中心 电话 (010)65250042 65289539